Andrea Ringel

Die Gesellschafterversammlung bei der Gesellschaft bürgerlichen Rechts und der offenen Handelsgesellschaft

IGEL Verlag

Ringel, Andrea

Die Gesellschafterversammlung bei der Gesellschaft bürgerlichen Rechts und der offenen Handelsgesellschaft

1. Auflage 2009 | ISBN: 978-3-86815-170-1

© IGEL Verlag GmbH , 2009. Alle Rechte vorbehalten.

Die Deutsche Bibliothek verzeichnet diesen Titel in der Deutschen Nationalbibliografie. Bibliografische Daten sind unter http://dnb.ddb.de verfügbar.

Dieses Fachbuch wurde nach bestem Wissen und mit größtmöglicher Sorgfalt erstellt. Im Hinblick auf das Produkthaftungsgesetz weisen Autoren und Verlag darauf hin, dass inhaltliche Fehler und Änderungen nach Drucklegung dennoch nicht auszuschließen sind. Aus diesem Grund übernehmen Verlag und Autoren keine Haftung und Gewährleistung. Alle Angaben erfolgen ohne Gewähr.

IGEL Verlag

Inhaltsverzeichnis

Abkürzungsverzeichnis	III
1 Einleitung	1
2 Die Gesellschafterversammlung bei den Personengesellschaften GbR und OHG	3
2.1 Einberufung von Gesellschafterversammlungen	3
2.1.1 Einberufungsrecht	3
2.1.2 Frist der Einladung	5
2.1.3 Form der Einladung	6
2.2 Durchführung von Gesellschafterversammlungen	7
2.2.1 Teilnahmerecht	7
2.2.2 Auskunfts- und Informationsrecht	8
2.2.3 Ablauf	8
2.2.4 Beschlussfähigkeit und Folgeversammlung	9
2.3 Zusammenfassung	10
3. Gesellschafterbeschlüsse bei den Personengesellschaften GbR und OHG	12
3.1 Die Willensbildung in der Gesellschaft	12
3.1.1 Die Stimmabgabe	12
3.1.2 Der Beschluss	15
3.1.3 Form der Stimmabgabe	16
3.1.4 Mitwirkende Gesellschafter	19
3.2 Gegenstand von Gesellschafterbeschlüssen	20
3.2.1 Allgemeines	20
3.2.2 Die Beschlussgegenstände im Einzelnen	21
3.2.2.1 Grundlagengeschäfte	21
3.2.2.2 Geschäftsführungsangelegenheiten	22
3.2.2.3 Sonstige gemeinsame Gesellschaftsangelegenheiten	22
3.2.3 Gesetzlich vorgegebene Beschlussgegenstände	23
3.3 Das Stimmrecht	24
3.3.1 Einführung	24
3.3.2 Stimmpflichten	27
3.3.2.1 Mitwirkungpflicht	28
3.3.3.2 Zustimmungs-/ Ablehnungspflicht	28
3.3.3 Stimmrechtsausschluss	31
3.3.3.1 Gesetzlicher Stimmrechtsausschluss	31
3.3.3.2 Stimmrechtsausschluss oder -einschränkung durch Gesellschaftsvertrag	34
3.3.3.3 Folgen und Umgehung von Stimmverboten	35
3.4 Das gesetzliche Einstimmigkeitsprinzip	36
3.5 Entscheidungsfindung durch Mehrheitsbeschluss	39

3.5.1	Das Mehrheitsprinzip	39
3.5.2	Die Notwendigkeit eines Minderheitenschutzes	41
3.5.3	Die Schranken der Mehrheitsmacht im Einzelnen	42
3.5.3.1	Der Bestimmtheitsgrundsatz als Schranke von Mehrheitsbeschlüssen	42
3.5.3.2	Die Kernbereichslehre als Schranke von Mehrheitsbeschlüssen	45
3.5.3.3	Die Treuepflicht der Gesellschafter in Bezug auf Mehrheitsbeschlüsse	49
3.5.3.4	Der Gleichbehandlungsgrundsatz als Schranke für Mehrheitsbeschlüsse	50
3.5.3.5	Der Grundsatz der Verhältnismäßigkeit	50
3.5.4	Berechnung der Mehrheit	51
4. Fazit		**55**
Literaturverzeichnis		**56**

Abkürzungsverzeichnis

einschließlich der abgekürzt zitierten Literatur

a.A.	andere Ansicht
Abs.	Absatz
a.E.	am Ende
AG	Aktiengesellschaft
akt.	aktuell
AktG	Aktiengesetz
Aufl.	Auflage
BB	Betriebsberater (Zeitschrift)
Bd.	Band
bearb., Bearb.	bearbeitet, Bearbeiter
Beck Hdb. PersG/Bearbeiter	Beck'sches Handbuch der Personengesellschaften, 2. Aufl.
Beck GmbH-Hdb./Bearbeiter	Beck'sches Handbuch der GmbH, 2. Aufl.
begr.	begründet
BGB	Bürgerliches Gesetzbuch
BGH	Bundesgerichtshof
BGHZ	Entscheidungen des Bundesgerichtshofes in Zivilsachen
bzw.	beziehungsweise
Co	Compagnie
ErbbauVO	Erbbaurechtsverordnung
f., ff.	folgend, folgende
GbR	Gesellschaft bürgerlichen Rechts
GenG	Gesetz betreffend die Erwerbs- und Wirtschaftsgenossenschaften
GmbH	Gesellschaft mit beschränkter Haftung
GmbHG	Gesetz betreffend die Gesellschaften mit beschränkter Haftung
Hdb.	Handbuch
HGB	Handelsgesetzbuch
hrsg., Hrsg.	herausgegeben, Herausgeber
i.S.v.	im Sinne von
i.V.m.	In Verbindung mit
KG	Kommanditgesellschaft
LM	Lindenmaier/Möhring, Nachschlagewerk des Bundesgerichtshofes

m.w.N.	Mit weiteren Nachweisen
MünchAnwHdb. PersG-Recht/Bearb.	Münchener Anwalts Handbuch Personengesellschaftsrecht
MünchKommHGB/Bearbeiter	Münchener Kommentar zum Handelsgesetzbuch
NJW	Neue Juristische Wochenschrift
Nr.	Nummer
OHG	Offene Handelsgesellschaft
OLG	Oberlandesgericht
PartGG	Gesetz über die Partnerschaftsgesellschaften
PersG	Personengesellschaft
PublikumsG	Publikumsgesellschaft
Rn.	Randnummer
s.	siehe
S.	Seite
s.a.	siehe auch
u.a.	unter anderem/und andere
UmwG	Umwandlungsgesetz
v.	vom (von)
vgl.	vergleiche
Vorbem.	Vorbemerkung
WEG	Wohnungseigentumsgesetz
WM	Wertpapiermitteilungen (Zeitschrift)
ZPO	Zivilprozessordnung
ZR	Zeitschrift für Rechtspolitik

1 Einleitung

Im Unterschied zu den Kapitalgesellschaften und sonstigen Verbänden werden Gesellschafterbeschlüsse in Personengesellschaften gleich welcher Rechtsform mangels gesetzlicher Regelung grundsätzlich **formfrei** gefasst. Eine zu diesem Zweck einberufene Gesellschafterversammlung ist nicht erforderlich. Je nach Belieben können sich die Gesellschafter hierzu an der Hotelbar oder bei einer Grillparty, auf Einladung oder spontan, regelmäßig oder nur bei Bedarf zusammenfinden. Folglich findet man weder im **BGB** noch im **HGB** oder im **PartGG** Regelungen zur Einberufung oder Durchführung von Gesellschafterversammlungen. Ebenso enthalten die einschlägigen Gesetze nur wenige Bestimmungen über das Zustandekommen und den Inhalt von Gesellschafterbeschlüssen. Teilweise kann man die Vorschriften über die Beschlussfassung in Körperschaften heranziehen, ansonsten besteht die Möglichkeit sich an allgemeinen Rechtsgrundsätzen zu orientieren.

Nach dem gesetzlichen Grundkonzept muss für jede die Personengesellschaft betreffende Entscheidung die Zustimmung sämtlicher Gesellschafter vorliegen. Solange die Gesellschafter nicht im Streit miteinander stehen, erscheinen gesetzliche Neuregelungen daher nicht zwingend notwendig. Kommt es allerdings zu einem Konflikt zwischen den Beteiligten, können die fehlenden gesetzlichen Regelungen über die Beschlussfassung und die Einrichtung einer Gesellschafterversammlung zu unüberwindlichen Schwierigkeiten führen, unter Umständen sogar die Handlungsfähigkeit der Gesellschaft blockieren. Zu denken ist beispielsweise an einen verärgerten oder egoistischen Gesellschafter, der einen wichtigen Beschluss verhindert, indem er entweder seine Zustimmung nicht erteilt oder seine Mitwirkung an der Beschlussfassung verweigert. Selbst wenn die Gesellschafter von dem gesetzlichen Einstimmigkeitsprinzip abweichen und Mehrheitsentscheidungen zulassen, können bei der Beschlussfassung Probleme auftreten; insbesondere dann, wenn von dem typischen gesetzlichen Leitbild der aus wenigen Personen bestehenden Gesellschaft abgewichen wird und die zahlreichen Gesellschafter nicht mehr in engem Kontakt stehen. Allein für die Feststellung des Mehrheitswillens wird in diesem Fall eine Gesellschafterversammlung erforderlich sein. Bezüglich der Entscheidungsfindung durch einen Mehrheitsbeschluss stellt sich ferner das Problem des Minderheitsschutzes bei Personengesellschaften. Da der Gesetzgeber ursprünglich davon ausgegangen ist, dass die Gesellschafter ihre Beschlüsse einstimmig fassen, fehlt es an gesetzlichen Schutzvorschriften für den nicht zustimmenden Personenkreis. Es ist die Aufgabe der Gesellschaftergesamtheit, die beschriebenen Gesetzeslücken durch klare und praktikable Regelungen im Gesellschaftsvertrag unter Rücksichtnahme auf die gesellschaftsrechtliche Treuepflicht zu schließen, um nicht zuletzt die Handlungsfähigkeit der Gesellschaft sicherzustellen und eine zielgerichtete Entscheidungsfindung zu ermöglichen.

Die vorliegende Untersuchung befasst sich mit der innergemeinschaftlichen Willensbildung der Personengesellschaften unter besonderer Berücksichtigung der **Gesellschaft bürgerlichen Rechts** und der **offenen Handelsgesellschaft**. Obwohl das HGB einen höheren Grad an Organisation der Willensbildung aufweist, gehen dessen Regelungen nicht nennenswert über diejenigen des BGB hinaus und die Rechtslage zu Beschlüssen stimmt bei beiden Gesellschaftsformen weitestgehend überein. In der folgenden Darstellung wird deshalb nur zwischen OHG und GbR unterschieden, sofern dies unbedingt erforderlich ist. Ziel der Untersuchung ist es, die eingangs erwähnten Defizite im Recht der Personengesellschaften aufzuzeigen und die damit verbundenen Probleme im Hinblick auf die Beschlussfassung zu benennen. Weiterhin gilt es zu verdeutlichen, welche Gründe für ergänzende gesellschaftsvertragliche Regelungen im Bereich der Willensbildung sprechen. Im Ergebnis sollen die Ausführungen Personengesellschaftern eine Hilfestellung bei der Vertragsgestaltung bieten. Das Hauptaugenmerk wird dabei auf dem Stimmrecht als höchstpersönliches Mitgliedschaftsrecht sowie der Entscheidungsfindung durch Mehrheitsbeschluss liegen. Nur am Rande sind die Mängel eines Gesellschafterbeschlusses Gegenstand der vorliegenden Untersuchung. Aus Gründen der vereinfachten Lesbarkeit wird durchgängig die Form – **1. Person Singular bzw. Plural, maskulin** – verwendet.

2 Die Gesellschafterversammlung bei den Personengesellschaften GbR und OHG

Obwohl die Gesellschafterversammlung kein notwendiges Organ der Personengesellschaften ist und es an gesetzlichen Regelungen hierzu fehlt,[1] geht die Praxis häufig einen anderen Weg, indem sie aufgrund gesellschaftsvertraglicher Anordnung eine Gesellschafterversammlung[2] für die Beschlussfassung vorsieht.[3] In diesem Fall ist es zweckmäßig, gleichzeitig Bestimmungen über die Art und Weise der Einberufung, Beschlussfähigkeit und Durchführung der Versammlung in das Vertragswerk aufzunehmen.[4] Nicht selten kommt es vor, dass Gesellschaftsverträge in der Praxis hierüber keine oder nur lückenhafte Anordnungen enthalten.[5] Haben die Gesellschafter auch ansonsten keine Bestimmungen über die konkreten Modalitäten einer Gesellschafterversammlung getroffen, stellt sich im Hinblick auf die Beschlussfassung die Frage, welche Regularien für die Einberufung und Durchführung der Versammlung heranzuziehen sind.[6]

2.1 Einberufung von Gesellschafterversammlungen

2.1.1 Einberufungsrecht

Fehlen zur **Einberufung** und **Ladung** entsprechende Regelungen im Gesellschaftsvertrag, ist es fraglich, wer das Recht zur Einberufung einer Gesellschafterversammlung hat. Das Schrifttum vertritt an dieser Stelle unterschiedliche Ansichten.[7] Zum Teil wird davon ausgegangen, dass dieses Recht mangels gesellschaftsvertraglicher Abweichung grundsätzlich **jedem** Gesellschafter zusteht.[8] Teilweise wird die Meinung vertreten, dass das Einberufungsrecht ausschließlich den **Geschäftsführern** gebührt, sofern eine Entscheidung über Geschäftsführungsmaßnahmen Gegenstand

---

[1] Sudhoff/*Schulte*, Personengesellschaften, 2. Teil, § 12 Rn. 11.
[2] Nachfolgend auch „Versammlung" genannt.
[3] Staub/*Ulmer*, HGB § 119 Rn. 17; *Alpmann*, Gesellschaftsrecht, 1. Teil, 2.2 (S. 128); Schmidt/*Bierly*, OHG, KG und PublikumsG, Rn. 366.
[4] *Vogel*, Gesellschafterbeschlüsse und Gesellschafterversammlung, S. 184; MünchAnwHdb. PersG-Recht/*Plückelmann* § 4 Rn. 97.
[5] MünchKommHGB/*Enzinger*, § 119 Rn. 48.
[6] Staub/*Ulmer*, HGB § 119 Rn. 17.
[7] MünchAnwHdb. PersG-Recht/*Plückelmann* § 4 Rn. 101.
[8] MünchKommHGB/*Enzinger*, § 119 Rn. 49; Baumbach/*Hopt*, HGB § 119 Rn. 29; Schlegelberger/*Martens*, HGB § 119 Rn. 6; *Nitschke*, Die körperschaftlich strukturierte Personengesellschaft, S. 200.; Sudhoff/*Schulte*, Personengesellschaften, 2. Teil, § 12 Rn. 38.

der angestrebten Beschlussfassung ist. Bei Gesamtgeschäftsführung müssen alle gesamtgeschäftsführungsbefugten Gesellschafter gemeinsam einberufen.[9] Andere Autoren sprechen sich für eine analoge Anwendung von **§ 49 Abs. 1 GmbHG** aus.[10] Nach dieser Vorschrift liegt das Einberufungsrecht generell bei den Geschäftsführern, unabhängig vom jeweiligen Inhalt des beabsichtigten Beschlusses. Im Falle von mehreren Geschäftsführern ist jeder von ihnen einberufungsberechtigt.[11]

Liegt das Einberufungsrecht ausschließlich im Zuständigkeitsbereich einzelner Gesellschafter, etwa den Geschäftsführern oder dem Versammlungsleiter, sind die übrigen Gesellschafter im Grundsatz von diesem Recht ausgeschlossen.[12] Hier vertritt die überwiegende Rechtsliteratur die Auffassung, dass den ausgeschlossenen Gesellschaftern wenigstens ein Einberufungsrecht aus „wichtigem Grund" verbleiben muss, wonach sie die Einberufung der Versammlung von den dazu berechtigten Gesellschaftern verlangen oder wenn ihrem Verlangen nicht entsprochen wird, die Versammlung durch ein subsidiäres **Selbsthilferecht** analog **§ 50 Abs. 3 GmbHG** selbst einberufen dürfen.[13] Eine willkürliche Anwendung des Selbsthilferechts verstößt allerdings gegen die gesellschaftsrechtliche Treuepflicht mit der Folge, dass die Einberufung nicht zu beachten ist.[14]

Die Gesellschafter müssen bei der Ausübung des Selbsthilferechts ihre Einberufungsgründe in der Ladung zur Versammlung einschließlich der Voraussetzungen zur Begründung des Selbsthilferechts deutlich machen.[15] Eine Einberufung aus „wichtigem Grund" liegt beispielsweise vor, wenn die Gesellschaftsinteressen oder die Interessen des einzelnen Gesellschafters die Einberufung dringend erfordern.[16] Das Einberufungsrecht von einem bestimmten Kapitalquorum analog § 50 Abs. 1 GmbHG (10% des Stammkapitals) abhängig zu machen, wird bei Personengesell-

---

[9] Beck Hdb. PersG/*Stengel* § 3 Rn. 441; Sudhoff/*Schulte*, Personengesellschaften, 2. Teil, § 12 Rn. 38; *Westermann* Hdb. der Personengesellschaften I Rn. 271.
[10] Staub/*Ulmer*, HGB § 119 Rn. 18; Ebenroth/Boujong/Joost/*Goette*, HGB § 119 Rn. 36.
[11] Beck GmbH-Hdb./*Fischer* § 4 Rn. 2.
[12] *Nitschke*, Die körperschaftlich strukturierte Personengesellschaft, S. 200.
[13] Heymann/*Emmerich*, HGB § 119 Rn. 7; Baumbach/*Hopt*, HGB § 119 Rn. 29; Schlegelberger/*Martens*, HGB § 119 Rn. 6; Staub/*Ulmer*, HGB § 119 Rn. 19.
[14] Staub/*Ulmer*, HGB § 119 Rn. 19 a.E.; Sudhoff/*Schulte*, Personengesellschaften, 2. Teil, § 12 Rn. 38.
[15] Beck GmbH-Hdb./*Fischer* § 4 Rn. 119.
[16] *Nitschke*, Die körperschaftlich strukturierte Personengesellschaft, S. 200.

schaften regelmäßig nicht verlangt.[17] Das Einberufungsrecht aus „wichtigem Grund" kann gesellschaftsvertraglich nicht ausgeschlossen werden und besteht unabhängig davon, ob der Gesellschaftsvertrag Vorschriften über die Einrichtung und Organisation einer Gesellschafterversammlung enthält.[18]

2.1.2 Frist der Einladung

Haben sich die einberufungsberechtigten Gesellschafter dazu entschieden, eine Gesellschafterversammlung anzuberaumen, stellt sich die weiterführende Frage, mit welcher Frist die Einladung zu erfolgen hat. Eine analoge Anwendung der Einberufungsfristen aus dem Aktienrecht wird überwiegend abgelehnt oder nur einschränkend befürwortet.[19] Vielfach werden die Vorschriften des **GmbH-Rechts** zur Orientierung für eine angemessene Einberufungsfrist herangezogen.[20] Entsprechend § 51 Abs. 1 S. 2 GmbHG wäre die Einladung mit einer Frist von mindestens **einer Woche** zu bewirken, wobei die Frist ab dem Zeitpunkt zu laufen beginnt, in dem üblicherweise mit dem Zugang des Schreibens beim Adressaten gerechnet werden kann.[21]

In jedem Fall muss den Gesellschaftern genügend Zeit zur Verfügung stehen, um sich über die geplante Maßnahme ausreichend informieren zu können.[22] Werden die Beschlüsse mit Mehrheit gefasst, kommt der Einladungsfrist eine nicht zu unterschätzende Bedeutung zu. Die Interessen des Gesellschafters sind in diesen Fällen besonders schutzbedürftig, da er zu einer sofortigen Stimmabgabe gezwungen ist. Anders als bei einer einstimmigen Beschlussfassung kann er einen Beschluss, der durch die Gesellschaftermehrheit entschieden wird, nicht mehr durch das Hinauszögern seiner Zustimmung verhindern. Folglich benötigt er eine angemessene Einladungsfrist, die ihm eine sachliche Vorbereitungszeit ermög-

---

[17] Staub/*Ulmer*, HGB § 119 Rn. 19; *Nitschke*, Die körperschaftlich strukturierte Personengesellschaft, S. 202; a.A. Sudhoff/*Schulte*, Personengesellschaften, 2. Teil, § 12 Rn. 38 a.E.
[18] Statt aller: MünchKommHGB/*Enzinger* § 119 Rn. 49.
[19] Vgl. Schlegelberger/*Martens*, HGB § 119 Rn. 6; Beck Hdb. PersG/*Stengel* § 2 Rn. 442.
[20] Ebenroth/Boujong/Joost/*Goette*, HGB § 119 Rn. 39; Staub/*Ulmer*, HGB § 119 Rn. 18; Beck Hdb. PersG/*Stengel* § 3 Rn. 442.
[21] Beck GmbH-Hdb./*Fischer* § 4 Rn. 31; Staub/*Ulmer*, HGB § 119 Rn. 18.
[22] MünchKommHGB/*Enzinger*, § 119 Rn. 49; Baumbach/*Hopt*, HGB § 119 Rn. 39; *Vogel*, Gesellschafterbeschlüsse und Gesellschafterversammlung, S. 185.

licht.[23] Je nach Bedeutung des Beschlusses können die Fristen auch differenziert bemessen werden. Letztendlich müssen die Gesellschafter über **Ort** und **Zeit** der Versammlung so frühzeitig informiert werden, dass es allen möglich und zumutbar ist, der Versammlung beizuwohnen.[24]

Eine zusätzliche Ankündigung der **Tagesordnung** ist notwendig, wenn es der Gesellschaftsvertrag ausdrücklich bestimmt.[25] Strittig ist, ob es sich dabei um eine Wirksamkeitsvoraussetzung für eine ordnungsgemäße Ladung handelt, wenn der Gesellschaftsvertrag keine entsprechenden Angaben hierzu enthält. Aus der gesellschaftsrechtlichen Treuepflicht ergibt sich, dass wenigstens die Einberufungsmitteilung den Gesellschaftern die wichtigsten Tagesordnungspunkte angeben muss, damit eine sachgerechte Vorbereitung auf die zu fassenden Beschlüsse gewährleistet ist. Andernfalls ist jeder betroffene Gesellschafter dazu berechtigt, eine Vertagung der Beschlussfassung zu verlangen.[26]

2.1.3 Form der Einladung

Die Einladung zu einer Gesellschafterversammlung kann, wenn der Gesellschaftsvertrag hierüber keine ausdrücklichen Bestimmungen enthält, in beliebiger Form ergehen.[27] Angesichts der herrschenden **Formfreiheit** im Recht der Personengesellschaften wird eine analoge Anwendung der körperschaftsrechtlichen Vorschriften über die Form einer Einladung überwiegend abgelehnt.[28] Folglich genügt neben einem einfachen Brief auch eine Einberufung durch Telegramm, Telefax, E-Mail oder Telefon, sofern der Zugang bei den Empfängern sichergestellt werden kann.[29]

---

[23] *Nitschke*, Die körperschaftliche Personengesellschaft, S. 200.
[24] *Lockwandt*, Stimmrechtsbeschränkungen im Recht der Personengesellschaften Kernbereichslehre und Stimmrechtsausschluss, S. 27.
[25] *Alpmann*, Gesellschaftsrecht, 1. Teil, 2.2.1 (S. 128 a.E.); *Vogel*, Gesellschafterbeschlüsse und Gesellschafterversammlung, S. 185 a.E.
[26] Staub/*Ulmer*, HGB § 119 Rn.18; a.E; *Lockwandt*, Stimmrechtsbeschränkungen im Recht der Personengesellschaften Kernbereichslehre und Stimmrechtsausschluss, S. 27; *Vogel*, Gesellschafterbeschlüsse und Gesellschafterversammlung, S. 185f.; a.A. MünchKommHGB/*Enzinger* § 119 Rn. 49; *Westermann*, Hdb. der Personengesellschaften I Rn. 480.
[27] Beck Hdb. PersG/*Stengel* § 3 Rn. 442 a.E.
[28] Staub/*Ulmer*, HGB § 119 Rn. 18; MünchAnwHdb. PersG-Recht/*Plückelmann* § 4 Rn. 104, a.A. Sudhoff/*Schulte*, Personengesellschaften, 2. Teil, § 12 Rn. 39 a.E.
[29] Staub/*Ulmer*, HGB § 119 Rn. 18; Beck Hdb. PersG/*Stengel* § 3 Rn. 442 a.E.; *Vogel*, Gesellschafterbeschlüsse und Gesellschafterversammlung, S. 185.

2.2 Durchführung von Gesellschafterversammlungen

2.2.1 Teilnahmerecht

Das Teilnahmerecht an einer Gesellschafterversammlung steht grundsätzlich **nur** den Gesellschaftern zu. Das gilt generell für **alle** Gesellschafter, selbst dann, wenn sie durch das Gesetz oder den Gesellschaftsvertrag grundsätzlich oder im Einzelfall von ihrem Stimmrecht ausgeschlossen sind.[30] Die Teilnahme von Nichtgesellschaftern ist im Allgemeinen ausgeschlossen.[31] **Vertreter** können an der Versammlung nur teilnehmen, wenn der Gesellschaftsvertrag oder ein Gesellschafterbeschluss für die Ausübung des Stimmrechts einen Bevollmächtigten zulassen.[32] Das Stimmrecht, sowie die Voraussetzungen einer Stimmrechtsvollmacht werden in *Kapitel 3.3.1* ausführlich behandelt. Von einer Bevollmächtigung zu unterscheiden ist die Teilnahme eines **gesetzlichen Vertreters.** Zu denken ist beispielsweise an einen gesetzlichen Vertreter eines nicht voll geschäftsfähigen Gesellschafters. Dieser darf generell an der Gesellschafterversammlung teilnehmen. Die Zustimmung der Gesellschafter oder eine entsprechende Bestimmung im Gesellschaftsvertrag ist für seine Teilnahme nicht notwendig. Entsprechendes gilt für die Organe juristischer Personen und die Vertreter von Personengesellschaften, sofern diese Mitgesellschafter an der Personengesellschaft sind.[33]

Wie zuvor bereits erwähnt, ist die Teilnahme von **Nichtgesellschaftern** an der Gesellschafterversammlung grundsätzlich unzulässig. Eine Ausnahme liegt vor, wenn der Gesellschaftsvertrag dies ausdrücklich erlaubt oder die Gesellschafter im Einzelfall zugestimmt haben.[34] Folglich können auch **sachverständige Dritte**, wie beispielsweise Wirtschaftsprüfer, Steuerberater, Rechtsanwälte oder Notare nur dann an der Versammlung teilnehmen, wenn dies gesellschaftsvertraglich vorgesehen ist oder ein hinreichender Gesellschafterbeschluss gefasst wurde. In Ausnahmefällen kann es die Gesellschaftertreuepflicht gebieten, dem Wunsch eines einzelnen Gesellschafters nachzukommen und der Zulassung eines zur Ver-

---

[30] MünchKommHGB/*Enzinger*, § 119 Rn. 49; Baumbach/*Hopt*, HGB § 119 Rn. 30; Staub/*Ulmer*, HGB § 119 Rn. 20.
[31] Baumbach/*Hopt*, HGB § 119 Rn. 30.
[32] Beck Hdb. PersG/*Stengel* § 3 Rn. 443; vgl. MünchAnwHdb. PersG-Recht/*Plückelmann*, § 4 Rn. 105-108.
[33] Staub/*Ulmer*, HGB § 119 Rn. 60; MünchAnwHdb. PersG-Recht/*Plückelmann* § 3 Rn. 110; *Vogel*, Gesellschafterbeschlüsse und Gesellschafterversammlung, S. 186.
[34] MünchKommHGB/*Enzinger*, § 119 Rn. 49; Staub/*Ulmer*, HGB § 119 Rn. 20; Baumbach/*Hopt*, HGB § 119 Rn. 30.

genheit verpflichteten persönlichen Beraters zuzustimmen. Dies gilt insbesondere dann, wenn über außergewöhnliche Geschäfte oder über komplizierte, die Kenntnisse des Gesellschafters übersteigende Gegenstände beschlossen werden soll und die Anwesenheit des Beraters den Mitgesellschaftern zumutbar erscheint.[35]

2.2.2 Auskunfts- und Informationsrecht

Jedem Gesellschafter einer Personengesellschaft steht das Recht zu, in der Gesellschafterversammlung **Auskünfte** zu verlangen und **Anträge** zu stellen. Dies ist unabhängig davon, ob er von seinem Stimmrecht ausgeschlossen ist.[36] Wird dieses Recht verletzt, hat der betroffene Gesellschafter die Möglichkeit, sich seiner Stimme zu enthalten oder die Rechtswirkung des Gesellschafterbeschlusses zu bestreiten.[37] Für die Gesellschafter, die von der Geschäftsführung ausgeschlossen sind, spielt das Auskunfts- und Informationsrecht eine wichtige Rolle, denn sie haben nicht den gleichen Zugang zu Informationen über die Geschäftstätigkeit der Gesellschaft wie die Geschäftsführer. Ferner muss es im Falle von Mehrheitsbeschlüssen gewährleistet sein, dass allen Gesellschaftern eine offene Aussprache zu den geplanten Maßnahmen ermöglicht wird, die schlussendlich den Meinungsbildungsprozess in der Gesellschaft unterstützt.[38]

2.2.3 Ablauf

Der Ablauf der Gesellschafterversammlung kann grundsätzlich frei gestaltet werden, sofern den Gesellschaftern ausreichend Möglichkeit zur Darlegung ihrer Meinung und zur Ausübung ihres Informationsrechts verbleibt.[39] Die Benennung eines Versammlungsleiters ist nicht notwendig, kann bei einer größeren Zahl von Gesellschaftern aber durchaus hilfreich sein.[40] Eine Pflicht zur Protokollierung der Versammlung besteht eben-

---

[35] Baumbach/*Hopt*, HGB § 119 Rn. 30; Staub/*Ulmer*, HGB § 119 Rn. 20; MünchAnwHdb. PersG-Recht/*Plückelmann* § 4 Rn. 198; Beck Hdb. PersG/*Stengel* § 3 Rn. 444.
[36] MünchKommHGB/*Enzinger* § 119 Rn. 49; Schlegelberger/*Martens* § 119 Rn. 5a; MünchAnwHdb. PersG-Recht/*Plückelmann* § 4 Rn. 111.
[37] MünchKommHGB/*Enzinger*, § 119 Rn. 49; Schlegelberger/*Martens*, HGB § 119 Rn. 5a;
[38] MünchKommHGB/*Enzinger* § 119 Rn. 49; Schlegelberger/*Martens*, HGB § 119 Rn. 5a; MünchAnwHdb. PersG-Recht/*Plückelmann* § 4 Rn. 111.
[39] Beck Hdb. PersG/*Stengel* § 3 Rn. 445.
[40] *Vogel*, Gesellschafterbeschlüsse und Gesellschafterversammlung, S. 186.

falls nicht, ist aber aus Dokumentations- und Beweisgründen ratsam. Wurde eine Niederschrift über den Verlauf der Versammlung angefertigt, hat jeder Gesellschafter das Recht, Einsicht zu nehmen und eine Abschrift zu verlangen.[41] Die Kosten, die durch eine Gesellschafterversammlung anfallen, werden von der Gesellschaft getragen.[42]

2.2.4 Beschlussfähigkeit und Folgeversammlung

Grundsätzlich ist die Gesellschafterversammlung nur beschlussfähig, wenn die Modalitäten für die Einberufung und Ladung ordnungsgemäß eingehalten wurden. Andernfalls sind die gefassten Beschlüsse unwirksam, sofern nicht alle Gesellschafter der Beschlussfassung zugestimmt haben.[43] Darüber hinaus kann der Gesellschaftsvertrag weitere Voraussetzungen an die Beschlussfähigkeit der Gesellschafterversammlung stellen. Insbesondere kann er sie davon abhängig machen, dass sich eine bestimmte Zahl von Gesellschaftern an der Abstimmung beteiligen muss, damit diese gültig bzw. erfolgreich ist. Enthält der Gesellschaftsvertrag diesbezüglich keine Regelungen, so ist die Versammlung nur dann beschlussfähig, wenn genügend Gesellschafter anwesend oder vertreten sind, mit deren Stimmen nach den **gesetzlichen** oder den **vertraglichen** Vorschriften wirksam Beschlüsse gefasst werden können.[44]

Nach dem gesetzlichen Grundmodell kommen Beschlüsse in der Gesellschaft nur dann zustande, wenn **alle** Beteiligten der geplanten Maßnahme zustimmen.[45] Folglich müssen auch alle Stimmberechtigten in der Gesellschafterversammlung anwesend oder zumindest vertreten sein, um überhaupt eine Beschlussfähigkeit erreichen zu können. Schreibt der Gesellschaftsvertrag dagegen vor, dass eine bestimmte Mehrheit der Stimmen zu entscheiden hat, so ist es für die Beschlussfähigkeit ausreichend, dass Gesellschafter mit der notwendigen Stimmenzahl anwesend oder vertreten sind. Je nach Größe des Gesellschafterkreises ist es empfehlenswert, die Beschlussfähigkeit von dem Erscheinen eines bestimmten **Quorums** abhängig zu machen. Dies erleichtert zum einen den Abstimmungsprozess und verhindert gleichzeitig, dass der Beschluss durch ein willkürliches Fernbleiben nicht gefasst werden kann. Weiterhin kann die

---

[41] MünchKommHGB/*Enzinger*, § 119 Rn. 49 a.E.; Baumbach/*Hopt*, HGB § 119 Rn. 30.
[42] *Vogel*, Gesellschafterbeschlüsse und Gesellschafterversammlung, S. 187.
[43] Heymann/*Emmerich*, HGB § 119 Rn. 8; Baumbach/*Hopt*, HGB § 119 Rn. 29; enger Schlegelberger/*Martens*, HGB § 119 Rn. 11; Staub/*Ulmer*, HGB § 119 Rn. 18; MünchAnwHdb. PersG-Recht/*Plückelmann* § 4 Rn. 116.
[44] MünchAnwHdb. PersG-Recht/*Plückelmann* § 4 Rn. 112f.
[45] §§ 709 Abs. 1 BGB, 119 Abs. 1 HGB; Staub/*Ulmer*, HGB § 119 Rn. 30.

gesellschaftsvertragliche Anordnung einer **Folgeversammlung** ratsam sein, die unabhängig von der Zahl der erschienenen Gesellschafter beschlussfähig ist. Auch hierdurch wird verhindert, dass ein Gesellschafter oder eine Gruppe von Gesellschaftern über einen längeren Zeitraum hinweg die Beschlussfassung durch Abwesenheit boykottieren kann. Zu beachten ist, dass die Tagesordnung der Folgeversammlung identisch sein muss mit derjenigen der Ursprungsversammlung.[46]

2.3 Zusammenfassung

Die Gesellschafter einer Personengesellschaft können für die Beschlussfassung eine Gesellschafterversammlung mit förmlicher Einladung und Tagesordnung vorsehen. Ferner können die Gesellschafter die Beschlussfähigkeit vom Erscheinen aller Mitglieder oder einer bestimmten Gesellschafterzahl abhängig machen. Sie können einen Versammlungsleiter bestimmen und schließlich die Feststellung und Protokollierung der Gesellschafterbeschlüsse verlangen. Soweit der Gesellschaftsvertrag keine genauen Regelungen zur Durchführung der Gesellschafterversammlung enthält, kann zur Regelung auf das Recht der Körperschaften und die dazugehörige Rechtsprechung zurückgegriffen werden. Ob hierfür eine analoge Anwendung der Vorschriften des GmbH-Rechts oder des Aktienrechts maßgeblich sein kann, bleibt strittig. Die wohl überwiegende Rechtsliteratur spricht sich für eine analoge Heranziehung Gmbh-rechtlicher Vorschriften aus.[47]. Um jeglicher **Rechtsunsicherheit** vorzubeugen, sollte der Gesellschaftsvertrag dessen ungeachtet die folgenden Punkte ausdrücklich regeln:

- Recht zu Einberufung,
- Form und Frist der Einberufung,
- Recht zur Teilnahme von Nichtgesellschaftern,

---

[46] MünchAnwHdb. PersG-Recht/*Plückelmann* § 4 Rn.113f.
[47] **Zustimmend** u.a.: *Ulmer*, BGB § 709 Rn. 50; Staub/*Ulmer*, HGB § 119 Rn. 17; Baumbach/*Hopt*, HGB § 119 Rn. 29; Ebenroth/Boujong/Joost/*Goette*, HGB § 119 Rn. 36.; MünchAnwHdb. PersG-Recht/*Plückelmann* § 4 Rn. 101ff.; Beck Hdb. PersG/*Stengel*, § 3 Rn. 441f.; Sudhoff/*Schulte*, Personengesellschaften, 2. Teil, § 12 Rn. 38f.; *Vogel*, Gesellschafterbeschlüsse und Gesellschafterversammlung, S. 185f. **Ablehnend** u.a.: Schlegelberger/*Martens*, HGB § 119 Rn. 6; Heymann/*Emmerich*, HGB § 119 Rn. 6; *Nitschke*, Die körperschaftlich strukturierte Personengesellschaft, S. 197ff.

- notwendiges Quorum für die Beschlussfähigkeit der Gesellschafterversammlung sowie Folgen nicht beschlussfähiger Versammlungen,
- Protokollierung der Versammlung.[48]

Soweit das Einberufungsrecht gesellschaftsvertraglich nur bestimmten Gesellschaftern zugestanden wird, erfordert es der Schutz der Minderheit, dass die ausgeschlossenen Gesellschafter im Notfall selbst die Versammlung einberufen dürfen.

Nach den obigen Ausführungen über die formalen Voraussetzungen zur Abhaltung einer Gesellschafterversammlung werden in den folgenden Kapiteln die maßgeblichen Abläufe für die interne Willensbildung der Gesellschaft dargestellt. Wesentliche Elemente hierbei sind das Stimmrecht des Gesellschafters und die Abweichung vom gesetzlichen Einstimmigkeitsprinzip, so dass diese zwei Punkte im Zentrum der nachfolgenden Betrachtungen stehen.

---

[48] *Schmidt/Bierly*, OHG, KG und PublikumsG, Rn. 366.

3. Gesellschafterbeschlüsse bei den Personengesellschaften GbR und OHG

3.1 Die Willensbildung in der Gesellschaft

Die Willensbildung in Personengesellschaften vollzieht sich grundsätzlich durch Beschluss aller oder der jeweils zuständigen Gesellschafter, und zwar über den zu eng gefassten Wortlaut der §§ 709 BGB, 119 HGB hinaus, nicht nur hinsichtlich der Geschäftsführungsmaßnahmen, sondern auch in allen anderen Angelegenheiten der Gesellschaft.[49] Die Gesellschaftsbeschlüsse kommen zustande, indem die mitwirkungsberechtigten Gesellschafter zu einem bestimmten Antrag ihre Stimme abgeben. Stimmabgabe und der darauf folgende Beschluss sind somit zwei selbstständige Rechtsinstitute und haben unterschiedliche Voraussetzungen und Auswirkungen, auf die im Folgenden näher eingegangen wird.[50]

3.1.1 Die Stimmabgabe

Mittels der Stimmabgabe äußern die Gesellschafter ihren verbindlichen Willen hinsichtlich eines Beschlussantrages. Sie stellt nach heutiger Auffassung eine **empfangsbedürftige Willenserklärung** dar, für die grundsätzlich die allgemeinen Regeln des Bürgerlichen Rechts Anwendung finden. Dabei spielt es keine Rolle, ob die Stimme inhaltlich auf Zustimmung, Ablehnung oder Enthaltung der angetragenen Maßnahme gerichtet ist.[51] Die Stimmabgabe kann vor wie nach der Beschlussfassung nach §§ 119, 123 BGB wegen Irrtums, Täuschung oder Drohung angefochten werden.[52] Ist eine einzelne Stimmabgabe nichtig oder wirksam angefochten, kann der Wegfall der fraglichen Stimme den Gesamtbeschluss unter Umständen, auf die später weiter eingegangen wird, nichtig machen.[53]

Das rechtliche Schicksal der Stimmabgabe bis zum Wirksamwerden des Beschlusses wird in der Literatur unterschiedlich behandelt. Erfolgt die Stimmabgabe nicht in Anwesenheit sämtlicher Gesellschafter, wird sie als empfangsbedürftige Willenserklärung im Sinne von §§ 130ff. BGB bei Feh-

---

[49] *Ulmer*, BGB § 709 Rn. 50; MünchAnwHdb. PersG-Recht/*Plückelmann* § 4 Rn. 2.
[50] *Lockowandt*, Stimmrechtsbeschränkungen im Recht der Personengesellschaften, Kernbereichslehre und Stimmrechtsausschluss, S. 22.
[51] MünchKommHGB/*Enzinger*, § 119 Rn. 14; Schlegelberger/*Martens*, HGB § 119 Rn. 35; *Ulmer*, BGB § 709 Rn. 74; Staub/*Ulmer*, HGB § 119 Rn. 24.
[52] Baumbach/*Hopt*, HGB § 119 Rn. 5.
[53] MünchKommHGB/*Enzinger*, § 119 Rn. 16; *Wiedemann*, Gesellschaftsrecht, Bd. II, § 3 III 2, S. 217.

len einer abweichenden Vertragsgestaltung erst **wirksam**, wenn sie den Mitgesellschaftern oder den Geschäftsführern als Erklärungsempfängern[54] **zugegangen** ist. Wird die Beschlussfassung beispielsweise schriftlich durch einen Brief an die Geschäftsführer oder im Umlaufverfahren durchgeführt, stellt sich die Frage, wann die Stimmabgabe als zugegangen gilt, und für den einzelnen Gesellschafter damit bindend wird. In Ermangelung einer gesetzlichen Regelung sind die Absprachen zwischen den Gesellschaftern für das Wirksamwerden der Stimmabgabe maßgebend. Fehlt es hieran, wird die Stimme im Zweifel wirksam, wenn sie dem jeweiligen Adressaten zugegangen ist. Bei einer Mehrheit von Empfängern kommt es auf den Zugang beim ersten von ihnen an. Zur Entgegennahme der Stimme kann auch ein anderer Gesellschafter oder ein Dritter bevollmächtigt werden.[55] Erfolgt die Beschlussfassung in einer Gesellschafterversammlung, braucht die Stimmabgabe den abwesenden Gesellschaftern nicht gesondert zuzugehen, um wirksam zu werden.[56]

Ist der Gesellschafter aufgrund des oben beschriebenen Zugangs an seine Stimmabgabe gebunden, stellt sich die Frage über die **Fortdauer der Bindungswirkung**. In der einschlägigen Literatur werden diesbezüglich unterschiedliche Meinungen vertreten. *Ulmer* geht beispielsweise von einer Bindungswirkung bis zur Beendigung des laufenden Abstimmungsprozesses aus. Erfolgt die Beschlussfassung beispielsweise in einer Gesellschafterversammlung, erlischt die Willenserklärung demnach spätestens mit dem ergebnislosen Ende der Versammlung, wenn nicht aufgrund der abgegebenen Gegenstimmen schon feststeht, dass der Beschluss nicht zustande kommt. Bei Abstimmungen im Umlaufverfahren ist dagegen die von den Gesellschaftern festgesetzte Frist ausschlaggebend. Mangelt es an einer solchen, ist die für die Beschlussfassung üblicherweise in Anspruch genommene Frist maßgeblich.[57] Daneben wird die Ansicht vertreten, dass für die Fortdauer der Bindungswirkung ein ausdrücklicher **Bindungswille** der Gesellschafter vorliegen muss.[58] Ebenfalls wird argumentiert, dass die Gesellschafter nur in den Grenzen der **§§ 145ff. BGB** an ihre

---

[54] Wie z.B. in den Fällen der §§ 115 Abs. 2 und 116 Abs. 3 HGB.
[55] MünchKommHGB/*Enzinger*, § 119 Rn. 14; Ebenroth/Boujong/Joost/*Goette*, HGB § 119 Rn. 37; Schlegelberger/*Martens*, HGB § 119 Rn. 35; Staub/*Ulmer*, HGB § 119 Rn. 24; Erman/*Westermann*, BGB § 709 Rn. 28; *Wiedemann*, Gesellschaftsrecht, Bd. II, § 3 III 2, S. 218.
[56] *Westermann*, Hdb. der Personengesellschaften I, Rn. 483 a.E.
[57] Staub/*Ulmer*, HGB § 119 Rn. 25.
[58] Erman/*Westermann*, BGB § 709 Rn. 28; Bamberger/*Roth*, BGB § 709 Rn. 53.

Stimmabgabe gebunden sind.[59] Demnach können Willenserklärungen unter Anwesenden nur sofort angenommen werden.[60] Sie erlöschen entweder bei Ablehnung oder nicht rechtzeitiger Annahme durch die Mitgesellschafter.[61] Bei wichtigen Beschlussgegenständen kann ihnen allerdings eine Bedenkzeit eingeräumt werden, währenddessen der Antragsteller an seine Stimmabgabe gebunden bleibt. Bei Anträgen gegenüber Abwesenden kommt es auf den Zeitpunkt an, in dem der Antragende den Eingang der Antwort unter regelmäßigen Umständen erwarten darf.[62] Ist für den Antrag eine Frist bestimmt, kann die Annahme nur innerhalb dieser Frist erfolgen.[63] Danach endet die Bindungswirkung an die abgegebene Stimme. Die Aufnahme einer gesellschaftsvertraglichen Regelung über die Befristung des Eingangs von Beschlusserklärungen beugt der beschriebenen Rechtsunsicherheit vor und erleichtert die interne Willensbildung der Gesellschaft.

Der **Widerruf** einer bereits abgegebenen Stimme ist bis zu dem Zeitpunkt des Zugangs jederzeit durch den Gesellschafter möglich.[64] Ein freier Widerruf einer bereits zugegangenen Stimme wird dagegen von der herrschenden Meinung abgelehnt. Soweit der Beschluss noch nicht ausgeführt wurde, kann sich jedoch ein Widerrufsrecht ausnahmsweise aus der gesellschafts-rechtlichen Treuepflicht ergeben. Voraussetzung ist hierbei das Vorliegen eines wichtigen Grundes. Dies ist insbesondere dann der Fall, wenn der Gesellschafter nachträgliche Informationen erhalten hat oder sich die zugrunde liegenden Verhältnisse der Stimmabgabe geändert haben, so dass er an seiner anfänglichen Stimmabgabe nicht mehr festhalten will.[65] Da vielfach unklar ist, wann ein solcher „wichtiger Grund" vorliegt, sollten die Gesellschafter an dieser Stelle überlegen, eine klare Regelung über die Widerrufsmöglichkeiten einer abgegebenen Stimme in das Vertragswerk mit aufzunehmen. In jedem Fall verliert die Stimmabgabe ihre rechtliche Selbstständigkeit mit dem Zustandekommen des Beschlusses.[66]

---

[59] Heymann/*Emmerich*, HGB § 119 Rn. 4; Schlegelberger/*Martens*, HGB § 119 Rn. 5. Ebenso Staub/*Ulmer*, HGB § 119 Rn. 26 für Willenserklärungen, die als Vertragsantrag auf den Abschluss oder die Änderung eines Vertrages gerichtet sind.
[60] § 147 Abs. 1 S. 1 BGB.
[61] § 146 BGB.
[62] § 147 Abs. 2 BGB.
[63] § 148 BGB.
[64] § 130 Abs. 1 S. 2 BGB.
[65] Staub/*Ulmer*, HGB § 119 Rn. 27; Bamberger/*Roth*, BGB § 709 Rn. 53; Erman/*Westermann*, BGB § 709 Rn. 28.
[66] *Wiedemann*, Gesellschaftsrecht, Bd. II, § 3 III 2, S.217.

3.1.2 Der Beschluss

Der Gesellschafterbeschluss setzt sich aus den abgegebenen Stimmen der Gesellschafter zusammen und ist immer dann erforderlich, wenn eine Maßnahme innerhalb der Gesellschaft zur Entscheidung ansteht. Dabei spielt es keine Rolle, ob der Beschluss durch sämtliche oder eine Mehrheit der Gesellschafter zu fassen ist.[67] Der Beschluss ist für alle Gesellschafter verbindlich, unabhängig davon, ob sie ihm zugestimmt haben oder bei der Abstimmung anwesend waren. Ferner gilt er auch für die Gesellschafter, die erst zu einem späteren Zeitpunkt der Gesellschaft beigetreten sind.[68] Die rechtliche Einordnung von Gesellschafterbeschlüssen ist nach wie vor umstritten. Im Mittelpunkt der Diskussion steht die Frage, welche Vorschriften für den Beschluss letztendlich Anwendung finden sollen. Einigkeit besteht mittlerweile darüber, dass der Gesellschafterbeschluss die Anforderungen an ein **Rechtsgeschäft** erfüllt, da er sich aus den Willenserklärungen der Gesellschafter zusammensetzt, die darauf gerichtet sind, einen bestimmten Rechtserfolg herbeizuführen.[69] Für seine Qualifikation als Rechtsgeschäft ist es dabei unerheblich, ob der Beschlussantrag angenommen oder abgelehnt wird.[70] Weiterhin kommt es für die Rechtsnatur als Rechtsgeschäft nicht darauf an, ob die Beschlussfassung zweier oder mehrerer Willenserklärungen bedarf, oder ausnahmsweise eine einzige Stimme ausreichend ist. Im Einzelfall erfüllt somit auch ein „Ein-Mann-Beschluss" die Anforderungen an ein (einseitiges) Rechtsgeschäft. In der Praxis kommt er beispielsweise dann vor, wenn an einem vertraglich vorgesehenen Mehrheitsbeschluss der oder die Minderheitsgesellschafter nicht teilnehmen oder alle Gesellschafter bis auf den Abstimmenden vom Stimmrecht ausgeschlossen sind.[71] Die Gesellschafterbeschlüsse unterliegen den allgemeinen Grundsätzen des Bürgerlichen Rechts über Rechtsgeschäfte, so dass sie unter anderem wegen Gesetzes- oder Sittenverstoß nach den §§ 134, 138 BGB unwirksam sein können.[72] Jede weitere rechtliche Einordnung des Beschlusses fällt in der Literatur unterschied-

---

[67] *Lockwandt*, Stimmrechtsbeschränkungen im Recht der Personengesellschaften, Kernbereichslehre und Stimmrechtsausschluss, S. 25.
[68] *Wiedemann*, Gesellschaftsrecht, Bd. II, § 4 I 1, S. 296.
[69] Heymann/*Emmerich*, HGB § 119 Rn. 2; Baumbach/*Hopt*, HGB § 119 Rn. 25f.; Schlegelberger/*Martens*, HGB § 119 Rn. 4.
[70] Staub/*Ulmer*, HGB § 119 Rn. 7.
[71] Staub/*Ulmer*, HGB § 119 Rn. 7; *Westermann* Hdb. der Personengesellschaften I Rn. 475.
[72] *Lockowandt*, Stimmrechtsbeschränkungen im Recht der Personengesellschaften, Kernbereichslehre und Stimmrechtsausschluss, S. 26.

lich aus. Insbesondere die zusätzliche **Vertragsqualität** des Beschlusses ist Gegenstand vieler Diskussionen. Die Autoren, die sich auch bei der Stimmabgabe[73] für die Anwendung der §§ 145ff. BGB ausgesprochen haben, befürworten ferner den Vertragscharakter des Beschlusses.[74] Anderen Ansichten zufolge hängt die Vertragseigenschaft des Beschlusses vom jeweiligen Beschlussgegenstand ab, so dass Teile des Schrifttums eine entsprechende Anwendung der §§ 145ff. BGB bejahen, sofern die Gesellschafter Änderungen des Gesellschaftsvertrages inklusive Aufnahme und einvernehmlichem Ausscheiden eines Gesellschafters beschließen.[75] Daneben findet man aber auch eine Vielzahl von Autoren, die mit unterschiedlichen Begründungen eine Vertragsqualität des Beschlusses grundlegend ablehnen. Eine ergänzende gesellschaftsvertragliche Regelung über eine eventuelle Anwendung der §§ 145ff. BGB schützt vor Streitigkeiten bei der Beschlussfassung und beugt jeglicher Rechtsunsicherheit vor.

3.1.3 Form der Stimmabgabe

Vorbehaltlich besonderer gesellschaftsvertraglicher Regelungen sind die Gesellschafter in der Art und Weise der Beschlussfassung frei. Wie eingangs bereits erwähnt, kommen Gesellschafterbeschlüsse dadurch zustande, dass die Gesellschafter über die zu beschließende Maßnahme befinden. Das Recht der Personengesellschaften sieht für die Stimmabgabe ebenso wenig ein bestimmtes Verfahren oder die Einhaltung einer bestimmten Form vor, wie für die Notwendigkeit einer Gesellschafterversammlung.[76] Die Beschlüsse sind vielmehr grundsätzlich **formfrei** zu fassen, wenn der Gesellschaftsvertrag oder ein Gesellschafterbeschluss nicht eine bestimmte Form verlangen.[77] Der historische Gesetzgeber sah offensichtlich keine Notwendigkeit darin, den Gesellschaftern eine bestimmte Form für die Stimmabgabe vorzuschreiben. Begründen lässt sich das wohl damit, dass der Gesetzgeber ursprünglich von einer engen Zusammenarbeit der Gesellschafter ausgegangen ist, die somit gewährleistet, dass alle

---

[73] Vgl. *Kapitel 3.1.1.*
[74] Schlegelberger/*Martens*, HGB § 119 Rn. 5; Heymann/*Emmerich*, HGB § 119 Rn. 4.
[75] Staub/*Ulmer*, HGB § 119 Rn. 8; *Lockowandt*, Stimmrechtsbeschränkungen im Recht der Personengesellschaften, Kernbereichslehre und Stimmrechtsausschluss, S. 26.
[76] MünchAnwHdb. PersG-Recht/*Plückelmann* § 4 Rn. 7f.
[77] Erman/*Westermann*, BGB § 709 Rn. 28; *Ulmer*, BGB § 709 Rn. 71; Schlegelberger/*Martens*, HGB § 119 Rn. 5; Staub/*Ulmer*, HGB § 119 Rn. 5, 17; Baumbach/*Hopt*, HGB § 119 Rn. 27.

anfallenden Fragen und Probleme unmittelbar besprochen und dann gemeinsam entschieden werden.[78] Entsprechend können die Gesellschafter ihre Stimme mangels einer gesellschaftsvertraglichen Regelung jederzeit und in jeder beliebigen Form abgeben, also beispielsweise **mündlich**, **schriftlich**, **fernmündlich**, **telegrafisch**, durch **Handzeichen** (unter Anwesenden) oder mittels **E-Mail.**[79] Das Gesetz schreibt auch nicht vor, dass die Gesellschafter ihre Stimme gleichzeitig, wie in einer Gesellschafterversammlung, abgeben müssen. Ferner können sie für ihre Stimmabgabe das **Umlaufverfahren** oder jede andere Art der Abstimmung, wie beispielsweise **Briefwechsel** oder **Einzelbesprechung**, wählen. Voraussetzung für eine nachträglich abgegebene Stimme ist in jedem Fall, dass die Mitgesellschafter noch an ihrer Stimmabgabe festhalten und entsprechend an sie gebunden sind.[80] Der Beschluss kommt schlussendlich zustande, sobald die letzte noch fehlende Stimme den übrigen Gesellschaftern zugegangen ist.[81] Beschlüsse können auch stillschweigend aus einer **konkludenten** Handlung der Gesellschafter resultieren. Ein oft erwähntes Beispiel für eine derartige Beschlussfassung ist die gemeinsame Anmeldung einer Vertragsänderung beim Handelsregister.[82] Um einen stillschweigend gefassten Beschluss nachweisen zu können, kann beispielsweise auf eine entsprechende tatsächliche Handhabung verwiesen werden, die nicht nur einmaliger oder bloß vorübergehender Natur ist oder durch außergewöhnliche Umstände veranlasst wurde.[83] Allein aus Beweis- und Dokumentationsgründen enthalten die Gesellschaftsverträge in der Praxis häufig bestimmte **Formvorschriften** über die Art und Weise der Beschlussfassung. Soweit der Gesellschaftsvertrag dies nicht ausdrücklich ausschließt, können sich die Anteilseigner einvernehmlich über jede im Vertrag festgelegte Form im Einzelfall oder generell hinwegsetzen und sie damit stillschweigend aufheben.[84] Bei einer Durchbrechung der Formvorschriften verlangt die Literatur teilweise die bewusste Wahrnehmung der Gesellschafter darüber, dass der Beschluss mangels der ursprünglich vorgeschriebenen Form zustande kommen soll. Die gesellschaftsvertragliche Abweichung muss ihnen also klar sein.[85] Soweit eine

---

[78] Ebenroth/Boujong/Joost/*Goette*, HGB § 119 Rn. 29.
[79] Staub/*Ulmer*, HGB § 119 Rn. 22; MünchKommHGB/*Enzinger*, § 119 Rn. 40 m.w.N.
[80] Vgl. *Kapitel 3.1.1.*
[81] Heymann/*Emmerich*, HGB § 119 Rn. 4.
[82] Heymann/*Emmerich*, HGB § 119 Rn. 3; MünchAnwHdb. PersG-Recht/Plückelmann § 4 Rn. 8.
[83] *Ulmer*, BGB § 709 Rn. 72.
[84] MünchKommHGB/*Enzinger*, § 119 Rn. 44.
[85] Ebenroth/Boujong/Joost/*Goette*, HGB § 119 Rn. 31; *Ulmer*, BGB § 709 Rn. 23.

schriftliche Beschlussfassung gesellschaftsvertraglich vorgeschrieben ist, bedarf es keiner Zustimmung oder Ablehnung aller Gesellschafter auf ein und derselben Urkunde. Hauptsächlich für eine Beschlussfassung im Umlaufverfahren wird die Abstimmung dadurch erleichtert.[86] Bei einer Beschlussfassung unter Anwesenheit sämtlicher Gesellschafter, wie in einer Gesellschafterversammlung, reicht die Aufnahme des Beschlussergebnisses in die von dem Versammlungsleiter unterzeichnete **Sitzungsniederschrift** gewöhnlich aus, um der vorgeschriebenen Schriftform gerecht zu werden. Die Sitzungsniederschrift wird dann im Anschluss an die Versammlung allen Gesellschaftern zugeleitet. Eine derartige Protokollierung ist nicht ausreichend, wenn zu einem Beschluss das Einverständnis eines bestimmten Gesellschafters vorliegen muss, namentlich weil er zusätzliche Pflichten übernehmen soll, oder weil das Beschlussergebnis in seine Rechtsstellung eingreift. Ohne die schriftliche Einverständniserklärung des betroffenen Gesellschafters oder dessen Vertreters ist die vorgeschriebene Schriftform nicht erfüllt.[87] Haben die Gesellschafter eine derartige **Schriftformklausel** in den Gesellschaftsvertrag aufgenommen, haben sie ferner zu entscheiden, ob das Formerfordernis nur klarstellende oder beweissichernde (**deklaratorische**) Aufgaben erfüllen soll, oder ob **konstitutiv** die Wirksamkeit der Beschlussfassung von der Einhaltung der Form abhängen soll.[88] Fehlt es an einer derartigen Überlegung der Gesellschafter, bedarf es einer **Auslegung** ihres Willens bei Abfassung der entsprechenden Vertragsklausel.[89] Die Rechtsprechung geht im Zweifel davon aus, dass derartige Schriftformklauseln lediglich als Klarstellungs- und Beweisfunktion dienen, so dass eine Nichtbeachtung der vereinbarten Form auf die Wirksamkeit des Beschlossenen ohne Einfluss bleibt.[90] Etwas anderes gilt, wenn die **notarielle Beurkundung** für einen Gesellschafterbeschluss vorgesehen ist. Die Vereinbarung dieser Formvorschrift lässt darauf deuten, dass es den Gesellschaftern um deutlich mehr geht, als die bloße Beweis- oder Dokumentationssicherung des Beschlussergebnisses, nämlich auch um den Schutz des Gesellschafters vor einer ü-

---

[86] Ebenroth/Boujong/Joost/*Goette*, HGB § 119 Rn. 30f. m.w.N.
[87] Ebenroth/Boujong/Joost/*Goette*, HGB § 119 Rn. 31; MünchKommHGB/*Enzinger*, § 119 Rn. 45.
[88] Vgl. *Wiedemann*, Gesellschaftsrecht, Bd. II, § 3 III 2, S. 118.
[89] Heymann/*Emmerich*, HGB § 119 Rn. 5.
[90] Ebenroth/Boujong/Joost/*Goette*, HGB § 119 Rn. 32; MünchKommHGB/*Enzinger*, § 119 Rn. 46; Baumbach/*Hopt*, HGB § 119 Rn. 28.

bereilten Entscheidung. Eine Nichteinhaltung der Form bewirkt deshalb die Nichtigkeit des Beschlusses.[91]

3.1.4 Mitwirkende Gesellschafter

Die Frage der Mitwirkung sagt nichts darüber aus, ob der jeweilige Gesellschafterbeschluss einstimmig oder mit Mehrheit zu fassen ist. Dies ergibt sich aus dem Gesellschaftsvertrag, sowie den gesetzlichen Anordnungen und wird später bearbeitet.[92] Zunächst muss geklärt werden, welche Personen zur Mitwirkung an der internen Willensbildung der Gesellschaft berufen sind. Je nach Art des Beschlussgegenstandes ergeben sich dabei unterschiedliche Fallkonstellationen.[93] Grundsätzlich ist für eine Beschlussfassung die Beteiligung **aller** Gesellschafter erforderlich.[94] Dies gilt insbesondere bei Beschlüssen über eine Änderung des Gesellschaftsvertrages oder über sonstige Grundlagengeschäfte. Was man im Einzelnen darunter versteht, ist Gegenstand des nächsten Kapitels. In den Fällen der Gesamtgeschäftsführung, der Bestellung eines Prokuristen und wo es im Gesellschaftsvertrag vorgeschrieben ist, sind lediglich alle **geschäftsführenden** Gesellschafter zur Beschlussfassung berufen. Die restlichen Mitgesellschafter sind von der Mitwirkung an der Willensbildung ausgeschlossen.[95] Für einige wenige Beschlussgegenstände ist die Beteiligung aller **Mitgesellschafter,** mit Ausnahme des betroffenen Gesellschafters, vorgesehen.[96] Im Detail werden diese Gegenstände im Rahmen des gesetzlichen Stimmrechtsausschlusses besprochen.[97] Abschließend bleibt noch zu erwähnen, dass ein freiwilliger **Stimmrechtsverzicht** eines Gesellschafters grundsätzlich nicht möglich und damit unwirksam ist.[98]

---

[91] Ebenroth/Boujong/Joost/*Goette*, HGB § 119 Rn. 32; MünchKommHGB/*Enzinger*, § 119 Rn. 46; Baumbach/*Hopt*, HGB § 119 Rn. 28.
[92] Vgl. Sudhoff/*Schulte*, Personengesellschaften, 2. Teil, § 12 Rn. 17.
[93] *Alpmann*, Gesellschaftsrecht, 1. Teil, 2.2.2 (S. 129); Beck Hdb. PersG/*Stengel* § 3 Rn. 394.
[94] Baumbach/*Hopt*, HGB § 119 Rn. 1, *Alpmann*, Gesellschaftsrecht, 1. Teil, 2.2.2 (S. 129).
[95] Baumbach/*Hopt*, HGB § 119 Rn. 3, *Alpmann*, Gesellschaftsrecht, 1. Teil, 2.2.2 (S. 129).
[96] Baumbach/*Hopt*, HGB § 119 Rn. 4, *Alpmann*, Gesellschaftsrecht, 1. Teil, 2.2.2 (S. 129).
[97] Vgl. *Kapitel 3.3.3.1.*
[98] Sudhoff/*Schulte*, Personengesellschaften, 2. Teil, § 12 Rn. 18.

3.2 Gegenstand von Gesellschafterbeschlüssen

3.2.1 Allgemeines

Wie bereits festgestellt, sind Gesellschafterbeschlüsse nicht nur im Bereich der Geschäftsführung zulässig, sondern in allen Angelegenheiten der Gesellschaft.[99] Das gilt selbst dann, wenn die Beschlüsse in die Zuständigkeit der einzelnen geschäftsführenden Gesellschafter fallen. Auch bei solchen Angelegenheiten können sich die Gesellschafter entschließen, Gesellschafterbeschlüsse herbeizuführen.[100] Praktisch können die Beschlüsse daher die gesamte Geschäftsführung der Gesellschaft, sowie alle das Gesellschaftsverhältnis und den Gesellschaftsvertrag berührenden Fragen betreffen. Dies gilt gleichermaßen für gewöhnliche wie für ungewöhnliche grundlegende Fragen.[101] Im Einzelnen lassen sich die Gegenstände der Gesellschafterbeschlüsse in:

- **Grundlagengeschäfte,**
- **Geschäftsführungsmaßnahmen**
- und **sonstige gemeinsame Gesellschaftsangelegenheiten**

unterscheiden.[102] Die Einordnung des jeweiligen Beschlusses unter einen bestimmten Gegenstand hat Auswirkungen auf seine rechtliche Behandlung. Vom Beschlussgegenstand hängt es nicht nur ab, welche Gesellschafter überhaupt zur Mitwirkung an der internen Willensbildung verpflichtet sind;[103] vielmehr wird diese Differenzierung in Bezug auf die Intensität der Treuepflicht, der Zustimmung- oder Ablehnungspflicht, bei der Stimmrechtsausübung oder bei der Beurteilung von Mehrheitsklauseln bedeutsam.[104] Folglich kommt der Einordnung eines Beschlusses unter eine der drei Gruppen eine nicht zu unterschätzende Bedeutung zu. Was sich im Einzelnen hinter den Beschlussgegenständen verbirgt, ist Gegenstand des folgenden Kapitels. Auf die rechtlichen Auswirkungen und die Besonderheiten, die sich aufgrund der Differenzierung ergeben, wird an gegebener Stelle eingegangen und soll hier noch nicht vorweggenommen werden.

---

[99] Vgl. *Kapitel 3.1.*
[100] Staub/*Ulmer*, HGB § 119 Rn. 10; *Sudhoff*, Der Gesellschaftsvertrag der Personengesellschaften, S. 219.
[101] Sudhoff/*Schulte*, Personengesellschaften, 2. Teil, § 12 Rn. 4; *Vogel*, Gesellschafterbeschlüsse und Gesellschafterversammlung, S. 23f.
[102] Beck Hdb. PersG/*Stengel* § 3 Rn. 388.
[103] Vgl. *Kapitel 3.1.4.*
[104] MünchAnwHdb. PersG-Recht/*Plückelmann* § 4 Rn. 21; *Ulmer*, BGB § 709 Rn. 56.

3.2.2 Die Beschlussgegenstände im Einzelnen

3.2.2.1 Grundlagengeschäfte

Den wohl wichtigsten Beschlussgegenstand bilden die so genannten Grundlagengeschäfte der Gesellschaft, die nicht in den Bereich der Geschäftsführung fallen.[105] Zu den Grundlagengeschäften gehören neben den inhaltlichen Änderungen des Gesellschaftsvertrages auch alle sonstigen Rechtsgeschäfte, die die Grundlagen der Gesellschafter untereinander oder zur Gesellschaft ändern sollen.[106] Dazu zählen beispielsweise Maßnahmen über:

- die Gestaltung und Änderung der Geschäftsführungsbefugnis,
- die Modifizierung des Gesellschaftszwecks,
- die Aufnahme oder das Ausscheiden eines Gesellschafters,
- die Erhöhung der Beiträge,
- die Bilanzfeststellung,
- die Liquidation der Gesellschaft
- und die Billigung von Entnahmen.[107]

Zu allen aufgezählten Maßnahmen sind so genannte **Grundlagenbeschlüsse** notwendig. Grundsätzlich werden diese mit der Zustimmung sämtlicher Gesellschafter gefasst, wobei der Gesellschaftsvertrag unter bestimmten Voraussetzungen auch etwas anderes vorsehen kann. Bei der Stimmabgabe steht typischerweise das **Eigeninteresse** der einzelnen Gesellschafter im Vordergrund.[108] Beschlüsse über Änderungen der Gesellschaftsgrundlagen fallen ausschließlich in den Zuständigkeitsbereich der Gesellschafter, soweit das Gesetz nicht etwas anderes bestimmt. Eine **Ausnahme** ist beispielsweise in § 725 Abs. 1 BGB geregelt. Hiernach steht einem Dritten, nämlich dem Pfandgläubiger, ausdrücklich das Recht zu, Einfluss auf die Grundlagen der Gesellschaft zu nehmen, indem ihm ein Kündigungsrecht der Gesellschaft eingeräumt wird.[109]

---

[105] Palandt/*Sprau*, BGB Vorbem. v. § 709 Rn. 1.
[106] Bamberger/*Roth*, BGB § 709 Rn. 17.
[107] Bamberger/*Roth*, BGB § 709 Rn. 17; Erman/*Westermann*, BGB § 709 Rn. 6; *Ulmer*, BGB § 709 Rn. 53.
[108] Staub/*Ulmer*, BGB § 709 Rn. 12
[109] Vgl. Sudhoff/*Schulte*, Personengesellschaftern, 2. Teil, § 12 Rn. 7; *Ulmer*, BGB § 709 Rn. 53.

3.2.2.2 Geschäftsführungsangelegenheiten

Neben den Grundlagengeschäften können auch Geschäftsführungsmaßnahmen Gegenstand von Gesellschafterbeschlüssen sein. Wie schon erwähnt, ergibt sich das aus den §§ 709 Abs. 1 BGB und 119 Abs. 1 HGB. Soweit der Grundsatz der einstimmigen Geschäftsführung gilt, erfordert generell jede Geschäftsführungsmaßnahme eine entsprechende Beschlussfassung. Die Einzelgeschäftsführung stellt in diesem Zusammenhang eine Ausnahme dar, auf die in *Kapitel 3.4* detailliert eingegangen wird.[110] Unter einer Geschäftsführungsmaßnahme versteht man jede **rechtsgeschäftliche** oder **tatsächliche** Handlung, die auf die Verfolgung des Gesellschaftszwecks gerichtet ist. Für die Qualifikation als Geschäftsführungsmaßnahme ist es dabei unerheblich, ob die Tätigkeit im Innenverhältnis zu den Gesellschaftern oder im Außenverhältnis zu Dritten wahrgenommen wird.[111] Aus der gesellschaftsrechtlichen Treuepflicht ergibt sich, dass bei Beschlüssen über Geschäftsführungsfragen stets das Wohl der Gesellschaft im Vordergrund steht. Die geschäftsführenden Gesellschafter haben folglich bei der Ausübung ihres Stimmrechts die eigenen Interessen hinten anzustellen und im Sinne der Gesellschaft zu entscheiden. Wenn die Geschäftsführer schuldhaft gegen diese Verpflichtung verstoßen, kann gegen sie ein Anspruch aus Pflichtverletzung nach § 280 BGB entstehen.[112]

3.2.2.3 Sonstige gemeinsame Gesellschaftsangelegenheiten

Die dritte und letzte Gruppe von Beschlussgegenständen bilden die sonstigen gemeinsamen Gesellschaftsangelegenheiten.[113] Beschlüsse dieser Art ändern weder den Gesellschaftsvertrag, noch wird durch sie über Maßnahmen der Geschäftsführung entschieden.[114] In der Regel geht es bei den Beschlussgegenständen um die Organisation der Gesellschaft und das Verhältnis der Gesellschafter untereinander.[115] Namentlich fallen hierunter Beschlüsse über die Entziehung der Geschäftsführungs- und Vertretungsmacht, über die Ausschließung von Gesellschaftern, sowie über die Bestellung, Abberufung und Entlastung von Organpersonen.[116]

---

[110] *Ulmer*, BGB § 709 Rn. 54; Beck Hdb. PersG/*Stengel*, § 3 Rn. 392.
[111] *Ulmer*, BGB § 709, Rn. 7; *Eisenhardt*, Gesellschaftsrecht, § 5 Rn. 55f.
[112] *Eisenhardt*, Gesellschaftsrecht, § 20 Rn. 254.
[113] *Ulmer*, BGB § 709 Rn. 55.
[114] *Nitschke*, Die körperschaftlich strukturierte Personengesellschaft, S. 70.
[115] Beck Hdb. PersG/*Stengel* § 2 Rn. 248.
[116] *Nitschke*, Die körperschaftlich strukturierte Personengesellschaft, S. 70.

Zu nennen sind weiterhin die Entscheidungen in Verfahrensfragen betreffend die Einberufung oder den Ablauf einer Gesellschafterversammlung oder die Auswahl der darin zu behandelnden Gegenstände.[117] Inwieweit bei der Beschlussfassung das Eigeninteresse der Gesellschafter vorrangig ist, hängt von dem jeweiligen Beschlussgegenstand und der Nähe zur Grundlagen- oder Geschäftsführungsebene ab. Bei einer Abstimmung über die Wahl eines Beirates oder über die Gewinnverwendung dürfen sich die Gesellschafter wohl von ihrem eigenen Interesse leiten lassen, wo hingegen bei der Entlastung des Geschäftsführers das Gesellschaftsinteresse im Vordergrund steht.[118] Für die Frage nach der Intensität der Treuepflicht, dem Eingreifen des § 181 BGB und dem Stimmrechtsausschluss wegen Interessenkollision kommt es ebenfalls auf die jeweilige Nähe zur Grundlagen- oder Geschäftsführungsebene an und bedarf einer **Einzelfallbetrachtung.**[119]

3.2.3 Gesetzlich vorgegebene Beschlussgegenstände

Obwohl die interne Willensbildung der Gesellschaft grundsätzlich durch Beschluss erfolgt, geben die gesetzlichen Bestimmungen über Personengesellschaften nur wenig Auskunft darüber, in welchen Angelegenheiten die Gesellschafter Beschlüsse zu fassen haben. Faktisch werden Gesellschafterbeschlüsse viel häufiger zu fassen sein und auch tatsächlich gefasst, als es der Gesetzgeber verlangt. Aus diesem Grund empfiehlt es sich dringend, ergänzende Regelungen über die Beschlussgegenstände in den Gesellschaftsvertrag aufzunehmen. Welche Vorschriften zu Beschlussgegenständen sich bereits aus den Gesetzen ergeben, zeigen die nachfolgenden zwei Tabellen.[120]

---

[117] Staub/*Ulmer*, HGB § 119 Rn. 14.
[118] *Ulmer*, BGB § 709 Rn. 59; Beck Hdb. PersG/Stengel § 3 Rn. 393.
[119] Staub/*Ulmer*, HGB § 119 Rn. 14.
[120] MünchAnwHdb. PersG-Recht/*Plückelmann* § 4 Rn. 18-21 m.w.N.

Gesellschaft bürgerlichen Rechts	
Gemeinschaftliche Geschäftsführung	§ 709 Abs. 1 BGB
Entziehung der Geschäftsführung	§ 712 Abs. 1 BGB
Entziehung der Vertretungsmacht	§ 715 BGB
Fortsetzung der Gesellschaft bei Einstellung des Insolvenzverfahrens oder Bestätigung eines Insolvenzplans	§ 728 Abs. 1 S. 2 BGB
Ausschluss eines Gesellschafters	§ 737 BGB

Offene Handelsgesellschaft	
Geltendmachung von Ansprüchen aus der Verletzung des Wettbewerbsverbots	§ 113 Abs. 2 HGB
Gesamtgeschäftsführung	§ 115 Abs. 2 HGB
Handlungen außerhalb des gewöhnlichen Geschäftsbetriebes und Bestellung eines Prokuristen	§ 116 Abs. 2, 3 HGB
Auflösung der Gesellschaft	§ 131 Abs. 1 Nr. 2 HGB
Ausschluss eines Gesellschafters	§ 131 Abs. 3 S. 1 Nr. 6 HGB
Fortsetzung der Gesellschaft nach Einstellung des Insolvenzverfahrens oder Bestätigung eines Insolvenzplans	§ 144 Abs. 1 HGB
Bestellung von Liquidatoren	§ 146 Abs. 1 S. 1 HGB
Abberufungen von Liquidatoren	§ 147 HGB
Weisungen gegenüber Liquidatoren	§ 152 HGB

3.3 Das Stimmrecht

3.3.1 Einführung

Das Stimmrecht zählt zu den wichtigsten Mitgliedschaftsrechten eines Gesellschafters. Es beinhaltet das Recht, durch Stimmabgabe[121] am Zustandekommen von Gesellschafterbeschlüssen mitzuwirken. Für den einzelnen Gesellschafter ist das Stimmrecht sowohl das geeignete Mittel, um seine Interessen gegenüber den Mitgesellschaftern auszudrücken, als auch um seinen Beitrag zur Erreichung des Gesellschaftszwecks beizutragen.[122]

---

[121] Vgl. *Kapitel 3.1.1.*
[122] Ebenroth/Boujong/Joost/*Goette*, HGB § 119 Rn. 8.

Das Stimmrecht ist grundsätzlich **höchstpersönlich** auszuüben und kann als Mitverwaltungsrecht nicht getrennt von der Mitgliedschaft einem Dritten oder anderen Gesellschafter übertragen werden.[123] Dies gilt unabhängig davon, ob die ausdrückliche Zustimmung aller Mitgesellschafter vorliegt oder ob eine entsprechende gesellschaftsvertragliche Grundlage vorhanden ist.[124] Dieses so genannte Abspaltungsverbot ergibt sich aus dem zwingenden Charakter von § 717 S. 1 BGB und gilt für sämtliche Personengesellschaften.[125] Alternative Gestaltungen, nach denen ein anderer das Stimmrecht rechtlich wie ein eigenes Recht ausüben kann, sind ebenfalls unzulässig. Zu denken ist etwa an eine Zession oder eine unwiderrufliche Vollmacht mit einem Stimmrechtsverzicht des Vollmachtgebers, oder mit der Verpflichtung, nicht gegen den Willen des Bevollmächtigten zu stimmen.[126] Trotz Abspaltungsverbotes ist die Erteilung einer **Stimmrechtsvollmacht** zulässig,[127] sofern sich hierfür eine gesellschaftsvertragliche Grundlage findet oder die ad-hoc-Zustimmung aller Gesellschafter vorliegt.[128] Die Zustimmung kann entweder ausdrücklich erfolgen oder in einer konkludenten Handlung der Mitgesellschafter liegen, indem sie etwa die Anwesenheit des Bevollmächtigten bei der Diskussion und bei der späteren Abstimmung einfach dulden.[129] Etwas anderes gilt, wenn der Gesellschafter durch die Vollmachtserteilung **dauerhaft** von seinem Stimmrecht ausgeschlossen wird. Das würde einer Abspaltung des Stimmrechts gleichkommen und ist daher generell unzulässig.[130] Im Regelfall kann ein Gesellschafter von seinen Mitgesellschaftern nicht verlangen, dass sie einer Bevollmächtigung zustimmen müssen. Eine Zustimmungspflicht kann sich für die Gesellschafter ausnahmsweise aus der gesellschaftsrechtlichen Treuepflicht ergeben, wenn der Vollmachtgeber aufgrund von längerer Krankheit, Gebrechlichkeit oder beruflich bedingter Ortsabwesenheit daran gehindert ist, seine Stimme persönlich ab-

---

[123] Heymann/*Emmerich*, HGB § 119 Rn. 14; MünchKommHGB/*Enzinger*, § 119 Rn. 13; Wiedemann/*Frey*, Gesellschaftsrecht, S. 120 Nr. 125.

[124] Heymann/*Emmerich*, HGB § 119 Rn. 14; Baumbach/*Hopt*, HGB § 119 Rn. 5; Palandt/*Sprau*, BGB Vorbem v. § 709 Rn. 12.

[125] Sudhoff/*Schulte*, Personengesellschaftern, 2. Teil, § 12 Rn. 19.

[126] MünchKommHGB/*Enzinger*, § 119 Rn. 18; Schlegelberger/*Martens*, HGB § 119 Rn. 18; *Lockowandt*, Stimmrechtsbeschränkungen im Recht der Personengesellschaften, Kernbereichslehre und Stimmrechtsausschluss, S. 23.

[127] MünchKommHGB/*Enzinger*, § 119 Rn. 19.

[128] MünchAnwHdb. PersG-Recht/*Plückelmann* § 4 Rn. 105. Sudhoff/*Schulte*, Personengesellschaften, § 12 Rn. 20.

[129] *Ulmer*, BGB § 709 Rn. 77; MünchAnwHdb. PersG-Recht/*Plückelmann* § 4 Rn. 107.

[130] MünchKommHGB/*Enzinger*, § 119 Rn. 19; Heymann/*Emmerich*, HGB § 119 Rn. 14; Schlegelberger/*Martens*, HGB § 119 Rn. 33.

zugeben.[131] Weil externe Dritte prinzipiell keinen Zugang zu den vertraulichen Gesellschaftsinterna haben sollen, und sie auch nicht der gesellschaftlichen Treue- und Geheimhaltungspflicht unterliegen, kommt bei der Bevollmächtigung vorrangig ein anderer Gesellschafter in Betracht.[132] Erst wenn eine derartige Bevollmächtigung wegen Interessenkollision oder aus sonstigen wichtigen Gründen unzumutbar erscheint, müssen die Mitgesellschafter einen Außenstehenden akzeptieren. Aus den genannten Gründen muss der Vollmachtgeber bei der Personenauswahl verstärkte Rücksicht auf die Interessen seiner Mitgesellschafter nehmen. In Betracht kommen nur solche Personen, die die erforderliche Vertraulichkeit gewährleisten und ihr erlangtes Wissen aller Wahrscheinlichkeit nach nicht zum Nachteil der Gesellschaft oder der Gesellschafter einsetzen werden. Den Mitgesellschaftern verbleibt immer das Recht, den Dritten abzulehnen und dessen Auswechselung zu verlangen, wenn ein wichtiger Grund vorliegt, der seine Bevollmächtigung für die Mitgesellschafter unzumutbar macht.[133] Handelt ein Bevollmächtigter für mehrere Gesellschafter gleichzeitig oder vertritt ein Gesellschafter einen anderen, stellt sich die Frage, ob und in welchen Fällen das **Verbot der Selbstkontrahierung** nach § 181 BGB für die Stimmabgaben zu beachten ist. Der **BGH** unterscheidet bei der Anwendung der Vorschrift nach den verschiedenen Beschlussgegenständen. Geht es bei der Abstimmung um eine Maßnahme der Geschäftsführung oder um andere Gesellschaftsangelegenheiten, steht § 181 BGB dem Bevollmächtigten nicht entgegen, da sich die Gesellschafter bei der Beschlussfassung ausschließlich am Gesellschaftsinteresse orientieren und folglich ein gleichgerichtetes Interesse verfolgen. Der typische Interessenkonflikt, der durch § 181 BGB vermieden werden soll, entfällt. Etwas anderes gilt, wenn Änderungen des Gesellschaftsvertrages oder die Bestellung des Stimmrechtsvertreters zum geschäftsführenden Gesellschafter Gegenstand der Beschlussfassung ist. Typischerweise werden die Gesellschafter bei diesen Abstimmungen ihre eigenen Interessen verfolgen. In diesen Fällen wendet der BGH die Vorschrift § 181

---

[131] Staub/*Ulmer*, HGB § 119 Rn. 61; *Grunewald*, Gesellschaftsrecht, 1. Teil, 1 A Rn. 71 (S. 37).

[132] Vgl. *Lockwandt*, Stimmrechtsbeschränkung im Recht der Personengesellschaften, Kernbereichslehre und Stimmrechtsausschluss, S. 23f.

[133] *Lockowandt*, Stimmrechtsbeschränkungen im Recht der Personengesellschaften, Kernbereichslehre und Stimmrechtsausschluss, S. 23f.; Schlegelberger/*Martens*, HGB § 119 Rn. 33; Staub/*Ulmer*, HGB § 119 Rn. 61.

BGB an, um Interessenkonflikte von Anfang an zu vermeiden.[134] Wenn der Stimmrechtsvertreter vom Selbstkontrahierungsverbot befreit werden soll, empfiehlt sich eine unzweideutige Klarstellung in der Vollmachtserstellung.[135] Von einer Stimmrechtsvollmacht zu unterscheiden ist die Stimmrechtsausübung durch einen **gesetzlichen Vertreter**. Da die Stimmabgabe den allgemeinen Regelungen des BGB über Willenserklärungen unterliegt,[136] wird das Stimmrecht eines nicht voll geschäftsfähigen Gesellschafters von dem gesetzlichen Vertreter ausgeübt. Einer vorherigen Zustimmung der übrigen Gesellschafter bedarf es dazu nicht. Für Kapital- oder andere Personengesellschaften als Mitglieder der Gesellschaft üben deren Vertretungsorgane das Stimmrecht aus.[137]

3.3.2 Stimmpflichten

Das Stimmrecht ist kein rein eigennütziges Mitgliedschaftsrecht, das ausschließlich der Verfolgung persönlicher Interessen dient. Sind die Gesellschafter zur Mitwirkung an der Beschlussfassung berechtigt, existiert für sie neben dem Stimmrecht auch eine so genannte Stimmpflicht. Diese ergibt sich nicht aus Gesetzen, sondern aus der Pflicht zur Förderung des gemeinsamen Zwecks und der gesellschaftsrechtlichen Treuepflicht.[138] Folglich haben die Gesellschafter bei der Ausübung ihres Stimmrechts auf vorrangige Interessen der Gesellschaft und die Belange ihrer Mitgesellschafter Rücksicht zu nehmen.[139] Das Ausmaß der Rücksichtnahme hängt vom jeweiligen Gegenstand der Beschlussfassung ab und kann variieren. Die Stimmpflicht bewirkt sowohl eine Mitwirkungspflicht bei der Beschlussfassung, als auch die Obliegenheit, das Stimmrecht in einem bestimmten Sinn auszuüben.[140] Gesellschafter, die kein Stimmrecht besitzen, sind hiervon ausgenommen.

---

[134] MünchKommHGB/*Enzinger*, § 119 Rn. 20f.; Baumbach/*Hopt*, HGB § 119 Rn. 22; Staub/*Ulmer*, HGB § 119 Rn. 62; *Westermann* Hdb. der Personengesellschaften I Rn. 493.
[135] Ebenroth/Boujong/Joost/*Goette*, HGB § 119 Rn. 20.
[136] Vgl. *Kapitel 3.1.1*.
[137] Staub/*Ulmer*, HGB § 119 Rn. 60; Erman/*Westermann*, BGB § 709 Rn. 20.
[138] Baumbach/*Hopt*, HGB § 119 Rn. 6; Schlegelberger/*Martens*, HGB § 119 Rn. 43.
[139] Staub/*Ulmer*, HGB § 119 Rn. 57.
[140] Beck Hdb. PersG/*Stengel* § 4 Rn. 481.

3.3.2.1 Mitwirkungspflicht

Die Gesellschafter trifft grundsätzlich die Pflicht, an der gesellschaftsinternen Willensbildung mitzuwirken, indem sie zu jedem Beschlussantrag ihre Stimme abgeben müssen. Dabei kommt es zunächst nicht darauf an, ob die Stimmabgabe inhaltlich auf Zustimmung oder Ablehnung des Antrages gerichtet ist. Auch durch die Enthaltung seiner Stimme kann der Gesellschafter grundsätzlich seine Stimmpflicht erfüllen. Aufgrund der Förderungs- und Treuepflicht wird allerdings von dem Gesellschafter erwartet, dass er sich vor der Beschlussfassung ausreichend über die geplante Maßnahme informiert hat und sich nicht willkürlich seiner Stimme enthält.[141]

Neben der Pflicht zur Stimmabgabe ist der Gesellschafter auch zur Teilnahme an einer einberufenen **Gesellschafterversammlung** verpflichtet. Liegt kein wichtiger Grund für das Fernbleiben an einer derartigen Versammlung vor, verstößt der Gesellschafter gegen seine Mitwirkungspflicht. Entsteht der Gesellschaft dadurch ein Schaden, etwa weil der Gesellschafter die Versammlung über einen längeren Zeitraum hinweg boykottiert, macht er sich schadensersatzpflichtig. Ein Schaden durch die Passivität eines Gesellschafters ist beispielsweise denkbar, wenn die zu beschließende Maßnahme dringend erforderlich ist und der Zustimmung aller Gesellschafter bedarf. Hierauf wird in *Kapitel 3.4* genauer eingegangen.[142] Die Mitwirkungspflicht an der internen Willensbildung entfällt auch dann nicht, wenn sich die Gesellschafter vertraglich auf das Mehrheitsprinzip geeinigt haben, so dass es bei der Abstimmung nicht mehr auf die Zustimmung sämtlicher mitwirkungsberechtigter Gesellschafter ankommt. Die Pflicht zur Teilnahme an der Beschlussfassung kann entfallen, wenn der Gesellschaftsvertrag bestimmte **Quoren** für die Beschlussfähigkeit der Gesellschafter vorsieht.[143]

3.3.3.2 Zustimmungs-/ Ablehnungspflicht

Wie oben bereits erwähnt, sind die Gesellschafter grundsätzlich in der Entscheidung frei, ob sie einer vorgeschlagenen Maßnahme zustimmen oder sie ablehnen. Nimmt der Gesellschafter überhaupt am Prozess der Beschlussfassung teil, kann die Stimmpflicht grundsätzlich auch durch

---

[141] Baumbach/*Hopt*, HGB § 119 Rn. 6; MünchKommHGB/*Enzinger*, § 119 Rn. 24.
[142] Heymann/*Emmerich*, HGB § 119 Rn. 16.
[143] Staub/*Ulmer*, HGB § 119 Rn. 59; Heymann/*Emmerich*, HGB § 119 Rn. 16; vgl. *Kapitel 2.2.4*.

Stimmenthaltung erfüllt werden.[144] Ist im Gesellschaftsvertrag nichts anderes geregelt, so gilt die Stimmenthaltung als Gegenstimme.[145] Aus der gesellschaftsrechtlichen Treuepflicht kann sich jedoch eine Zustimmungs- oder Ablehnungspflicht zur einer angetragenen Maßnahme ergeben.[146] Das Problem der Zustimmungs- oder Ablehnungspflicht stellt sich hauptsächlich dann, wenn die Entscheidung der Zustimmung aller Gesellschafter bedarf. Sofern der Beschluss mit Mehrheit gefasst werden kann, ist das Problem nur dann praktisch relevant, wenn die fehlende Stimme zur Erreichung der Mehrheit erforderlich ist.[147] Hinsichtlich einer etwaigen Zustimmungs- oder Ablehnungspflicht ist grundsätzlich zwischen den verschiedenen **Beschlussgegenständen**[148] zu differenzieren. Bei Geschäftsführungsfragen hat sich die Ausübung des Stimmrechts am Interesse der Gesellschaft zu orientieren.[149] Ob mithin im Einzelfall eine Zustimmungs- oder Ablehnungspflicht für die Geschäftsführer besteht, ist nach einem objektiven Maßstab ordnungsgemäßen Geschäftsführungsverhaltens zu beurteilen.[150] Ergibt sich nach der Prüfung, dass ein gewissenhafter Gesellschafter unter Berücksichtigung aller Umstände die Maßnahme ergreifen würde, etwa weil sie für das Fortkommen der Gesellschaft erforderlich ist, müssen die Gesellschafter aufgrund ihrer Treuepflicht für die Durchführung stimmen.[151] Die Zustimmungspflicht entfällt auch dann nicht, wenn der Beschluss mit Mehrheit gefasst werden darf.[152]

Bei allen anderen Beschlussgegenständen und insbesondere bei Beschlüssen über eine Änderung des Gesellschaftsvertrages, ist die Rechtslage über eine entsprechende Zustimmungspflicht der Gesellschafter nicht eindeutig.[153] Der **BGH** bejaht in ständiger Rechtsprechung eine derartige Zustimmungspflicht, wenn die konkrete Vertragsänderung für den widerstrebenden Gesellschafter unter Berücksichtigung seiner Bedürfnisse „**zumutbar**" erscheint, und wenn sie außerdem unter Rücksichtnahme auf die Interessen der Gesellschaft oder der übrigen Gesellschafter „**drin-**

---

[144] Baumbach/*Hopt*, HGB § 119 Rn. 6.
[145] Beck Hdb. PersG/*Stengel* § 4 Rn. 459.
[146] Heymann/*Emmerich*, HGB § 119 Rn. 17; Baumbach/*Hopt*, HGB § 119 Rn. 7.
[147] MünchKommHGB/*Enzinger*, § 119 Rn. 25.
[148] Vgl. *Kapitel 3.2.1.*
[149] Vgl. *Kapitel 3.2.2.2.*
[150] MünchKommHGB/*Enzinger*, § 119 Rn. 26; Schlegelberger/*Martens*, HGB § 119 Rn. 44.
[151] Bamberger/*Roth*, BGB § 709 Rn. 56.
[152] Schlegelberger/*Martens*, HGB § 119 Rn. 44.
[153] Heymann/*Emmerich*, HGB § 119 Rn. 18.

gend erforderlich" ist.[154] Anhand dieser Formel wurde eine entsprechende Pflicht bereits bei Beschlussfassungen über:

- die Zustimmung zum Ausscheiden eines für die Gesellschafter nicht mehr tragbaren Gesellschafters[155],
- die vorübergehende Aufnahme eines geschäftsführenden Gesellschafters[156],
- die Auflösung einer auf Dauer unrentablen Gesellschaft[157]
- und die Anpassung des Gesellschaftszwecks an veränderte Umstände[158]

bejaht. Dagegen lehnt der BGH eine Pflicht zur Zustimmung ab, wenn die Vertragsänderung für den widersprechenden Gesellschafter eine Vermehrung seiner Pflichten zur Folge hat.[159] In der Literatur wird ebenso wie in der Rechtsprechung die Auffassung vertreten, dass sich aus der gesellschaftlichen Treuebindung auch eine Zustimmungs- oder Ablehnungspflicht zu Vertragsänderungen ergeben kann.[160] Dabei muss es sich aber immer um einen besonderen **Ausnahmefall** handeln, der jede andere Lösung praktisch ausschließt, weil beispielsweise ansonsten der Konkurs der Gesellschaft droht und dem einzelnen Gesellschafter kein Entscheidungsspielraum offen bleibt.[161] Wann für andere Beschlussgegenstände eine konkrete Zustimmungs- oder Ablehnungspflicht besteht, ist dennoch nicht abschließend geklärt.[162]

Angesichts der unterschiedlichen Meinungen in der Rechtsliteratur und der Lückenhaftigkeit des dispositiven Rechts empfiehlt es sich, eine Regelung im Gesellschaftsvertrag aufzunehmen, aus der sich unzweideutig die Beschlüsse entnehmen lassen, bei denen die Gesellschafter einer Zustim-

---

[154] BGHZ 64, 253, 258 = WM 1975, 774; ebenso BGH LM Nr.8 zu § 105 HGB sowie LM Nr.8 zu § 138 HGB.
[155] BGH Urteil vom 26.1.1961 – II ZR 240/59 – NJW 1961, 724f.
[156] BGH Urteil vom 28.5.1979 – II ZR 172/78 – WM 1979, 1058ff.: vgl. auch BGH Urteil vom 20.10.1986 – II ZR 86/85 – NJW 1987, 952, 953.
[157] BGH Urteil vom 17.12.1959 – II ZR 81/59 – NJW 1960, 434f.
[158] MünchAnwHdb. PersG-Recht/*Plückelmann* § 4 Rn. 23 m.w.N.
[159] Vgl. BGH Urteil vom 24.4.1954 – II ZR 35/53 – BB 1954, 456; BGH Urteil vom 7.12.1972 – II ZR 131/68 – WM 1973, 990, 991ff.
[160] *Sester*, Treuepflichtverletzung bei Widerspruch und Zustimmungsverweigerung im Recht der Personengesellschaften, S. 77 m.w.N.
[161] Heymann/*Emmerich*, HGB § 119 Rn. 19.
[162] Schlegelberger/*Martens*, HGB § 119 Rn. 46; Heymann/*Emmerich*, HGB § 119 Rn. 18f.; MünchKommHGB/*Enzinger*, § 119 Rn. 27.

Zustimmungs- oder Ablehnungspflicht unterliegen sollen. Dadurch wird das Abstimmungsverfahren vereinfacht und die Entscheidungsfindung kann zielgerichtet durchgeführt werden.

Die Rechtsfolgen eines **treuwidrigen Verstoßes** gegen seine Stimmpflicht sind für den Gesellschafter je nach Beschlussgegenstand unterschiedlich. So bleibt die ablehnende Stimme eines zustimmungspflichtigen Gesellschafters zu geschäftsführenden Maßnahmen im Zweifel unbeachtet, so dass der Beschluss auch ohne sie zustande kommt. Erstreckt sich die Zustimmungspflicht hingegen auf Beschlüsse über Vertragsänderungen und ihnen gleichstehende Entscheidungen, muss zuerst eine Leistungsklage auf Erteilung der Zustimmung erhoben werden.[163] Die fehlende Zustimmung wird dann durch das Urteil nach § 894 ZPO ersetzt, so dass der Gesellschaftsbeschluss erst mit Rechtskraft des Urteils zustande kommt. Die Zustimmungspflicht kann von jedem Gesellschafter mit der so genannten „actio pro socio" (Gesellschafterklage) geltend gemacht werden.[164] Der Verstoß der Treuepflicht kann weiterhin auch Schadensersatzansprüche von Gesellschaft oder Mitgesellschaftern begründen.[165]

3.3.3 Stimmrechtsausschluss

Das Stimmrecht eines Gesellschafters steht diesem als Mitverwaltungsrecht nicht uneingeschränkt und in jedem Fall zu. Es kann zum einen durch das Gesetz und zum anderen durch den Gesellschaftsvertrag ausgeschlossen oder beschränkt werden.

3.3.3.1 Gesetzlicher Stimmrechtsausschluss

Das Recht der Körperschaften enthält eine Reihe von Vorschriften, die einen Gesellschafter von seinem Stimmrecht ausschließen, wenn er von der Beschlussfassung direkt betroffen ist.[166] Für die Gesellschafter einer Personengesellschaft macht das Gesetz nur wenige Angaben darüber, ob und in welchem Umfang ein Stimmrechtsausschluss wegen **Interessenkollision** zu beachten ist. Der Gesetzgeber ist an dieser Stelle wohl davon ausgegangen, dass die Gesellschafter ihre Probleme untereinander lösen und widersprechende Gesellschafter, wenn nötig, aus der Gesellschaft ausschließen. Deshalb findet man im Gesetz auch nur wenige Beschluss-

---

[163] Schlegelberger/*Martens*, HGB § 119 Rn. 48.
[164] Heymann/*Emmerich*, HGB § 119 Rn. 20.
[165] Staub/*Ulmer*, HGB § 119 Rn. 57.
[166] §§ 34 BGB, 47 Abs. 4 GmbHG, 136 Abs. 1 AktG und 43 Abs. 6 GenG.

gegenstände, bei denen der Gesetzgeber das Stimmrecht in die Hände der „übrigen Gesellschafter" legt, wodurch der betroffene Gesellschafter explizit von der Mitwirkung an der Beschlussfassung ausgenommen wird.[167]

Namentlich besteht ein gesetzliches Stimmverbot für den betroffenen Gesellschafter bei der **Entziehung seiner Geschäftsführungsbefugnis**, sowie seiner **Vertretungsmacht** und bei seinem **Ausschluss aus der Gesellschaft**. Bei der OHG ist der Gesellschafter zusätzlich noch von der Geltendmachung des Schadensersatzanspruches wegen **Wettbewerbsverstoßes** gegen ihn ausgeschlossen.[168] Die genannten Vorschriften zeichnen sich dadurch aus, dass ihnen ein pflichtwidriges Verhalten des ausgeschlossenen Gesellschafters zugrunde liegt, was durch die Beschlussfassung letztendlich sanktioniert werden soll. Entsprechend ist der Gesellschafter von seinem Stimmrecht ausgeschlossen, da von ihm wohl nicht erwartet werden kann, dass er in eigener Sache richtet. Zusammenfassend lässt sich also feststellen, dass ein Gesellschafter sein Stimmrecht nicht ausüben darf, wenn über sein persönliches Verhalten und die daraus zu ziehenden Konsequenzen abgestimmt wird.[169]

Die Erfahrungen aus der Praxis haben allerdings gezeigt, dass die wenigen gesetzlichen Stimmrechtsbeschränkungen im Recht der Personengesellschaften nicht ausreichend und sachgerecht sind. Bei einer Reihe von Entscheidungen, die unmittelbar oder mittelbar auch die persönlichen Belange eines Gesellschafters berühren, bleibt stets die Gefahr, dass sich der Gesellschafter bei der Abgabe seiner Stimme nicht am Interesse der Gesellschaft orientiert, sondern seine eigenen finanziellen und persönlichen Interessen denen der Gesellschaft vorzieht. Obwohl die Möglichkeit besteht, einen Gesellschafter aufgrund seiner Treuepflicht zu verklagen,[170] damit er seine Stimme in einem bestimmten Sinn abgibt, ist dieser Weg schon allein wegen der Beweisschwierigkeiten müßig und unbefriedigend. Somit besteht auch bei den Personengesellschaften das Bedürfnis, einen Gesellschafter, der einem **Interessenkonflikt** unterliegt, vom

---

[167] MünchAnwHdb. PersG-Recht/*Plückelmann* § 4 Rn. 66; *Lockowandt*, Stimmrechtsbeschränkungen im Recht der Personengesellschaften, Kernbereichslehre und Stimmrechtsausschluss, S. 36.
[168] §§ 712, 715, 737 S. 2 BGB; §§ 117, 127, 140 Abs. 1, 113 Abs. 2 HGB.
[169] Ebenroth/Boujong/Joost/*Goette*, HGB § 119 Rn. 11; *Wiedemann*, Bd. II, Gesellschaftsrecht, § 4 I 4, S. 316.
[170] Vgl. *Kapitel 3.3.3.2* a.E.

Stimmrecht ausschließen zu können.[171] Die herrschende Meinung wendet daher die weitaus ergiebigeren körperschaftlichen Ausschlussvorschriften[172] analog auch für die Personengesellschaften an.[173] In diesen Vorschriften finden sich generelle, inhaltlich allerdings voneinander abweichende Regelungen des Stimmrechtsverbotes. Ihnen liegt der allgemeine Rechtsgedanke zugrunde, dass niemand **Richter in eigener Sache** sein kann.[174]

Ein Stimmverbot wegen Interessenkollision existiert demzufolge auch bei Beschlüssen über die **Befreiung von einer Verbindlichkeit** und über die **Entlastung** der geschäftsführenden Gesellschafter, ebenso wie bei der Beschlussfassung zur **Geltendmachung von Ansprüchen gegen einen Gesellschafter** oder über die **Einleitung oder Erledigung eines Rechtsstreites** mit dem Gesellschafter.[175]

Umstritten ist der Stimmrechtsausschluss anlässlich eines Beschlusses über den Abschluss eines **Rechtsgeschäfts** zwischen der Gesellschaft und einem Gesellschafter wie mit einem Dritten.[176] So zum Beispiel, wenn die Gesellschaft einen Mietvertrag über die Anmietung eines dem Gesellschafter gehörenden Grundstücks mit diesem abschließen möchte. Teile des Schrifttums bejahen hier eine entsprechende Anwendung der §§ 34 BGB, 47 Abs. 4 GmbHG, und sprechen sich für einen Stimmrechtsausschluss des betroffenen Gesellschafters aus.[177] Hingegen lehnen andere Autoren ein Stimmverbot in diesem Fall grundsätzlich ab, und begründen ihre Meinung mit den §§ 136 Abs. 1 AktG, 43 Abs. 6 GenG oder § 181 BGB, die keinen derartigen Stimmrechtsausschluss vorsehen.[178] Diese Rechtsunsicherheit kann mit einer unzweideutigen Regelung im Gesellschaftsvertrag beseitigt werden. Auch bei „**sonstigen Interessenkollisionen**" kann ein Stimmverbot für den betroffenen Gesellschafter bestehen. Ins-

---

[171] *Lockowandt*, Stimmrechtsbeschränkungen im Recht der Personengesellschaften, Kernbereichslehre und Stimmrechtsausschluss, S. 35f.
[172] §§ 34 BGB, 136 Abs. 1 AktG, 47 Abs. 4 GmbHG und 43 Abs. 6 GenG.
[173] Palandt/*Sprau*, BGB Vorbem. v. § 709 Rn. 15.
[174] *Wiedemann*, Gesellschaftsrecht, Bd. II, § 4 I 4, S. 316; MünchAnwHdb. PersG-Recht/*Plückelmann* § 4 Rn. 67.
[175] Vgl. § 47 Abs. 4 S. 1, 1. und 2. Fall GmbHG, § 136 Abs. 1 S. 1 AktG; BGH, Urteil vom 9.5.1974, II ZR 84/72, BB 1974, 996; BGH, Urteil vom 4.11.1982, II ZR 210/81, WM 1983, 69; Beck Hdb. PersG/*Stengel* § 4 Rn. 492 m.w.N.
[176] Heymann/*Emmerich*, HGB § 119 Rn. 23; Schlegelberger/*Martens*, HGB § 119 Rn. 40.
[177] Zustimmend: Baumbach/*Hopt*, HGB § 119 Rn. 8, *Grunewald*, Gesellschaftsrecht, 1. Teil, 1 A Rn. 70 (S. 36f.); Beck Hdb. PersG/*Stengel* § 4 Rn. 493; offen gelassen in: BGH, Urteil vom 13.7.1967, II ZR 72/67, BGHZ 48, 251, 256).
[178] Schlegelberger/*Martens*, HGB § 119 Rn. 40 m.w.N.

besondere bei allen Maßnahmen, die gegen einen Gesellschafter aus „wichtigem Grund" beschlossen werden, ist das Stimmrecht ausgeschlossen.[179] Dagegen darf ein Gesellschafter sein Stimmrecht bei allen Beschlüssen ausüben, die eine Vertrags- oder Strukturänderung der Gesellschaft oder eine Änderung seiner Mitgliedstellung betreffen. Namentlich etwa bei Beschlüssen über die Änderung der Geschäftsführungs- und Vertretungsbefugnis, Änderungen des Gesellschaftsvertrages und die Einforderung von Einlagen.[180] Weiterhin darf der Gesellschafter bei seiner eigenen Bestellung zum Geschäftsführer oder bei seiner eigenen Wahl zu einem anderen Gesellschaftsorgan mitwirken, auch wenn er bei der Abstimmung in erster Linie seine eigenen Interessen verfolgen wird.[181]

3.3.3.2 Stimmrechtsausschluss oder -einschränkung durch Gesellschaftsvertrag

Die gesetzlichen Regelungen über den Stimmrechtsausschluss sind dispositiv und nicht abschließend geregelt, so dass eine gesellschaftsvertragliche Erweiterung der Vorschriften in den genannten Fällen grundsätzlich möglich ist.[182] Denkbar ist weiterhin eine vertragliche Einschränkung der vorgegebenen gesetzlichen Bestimmungen, soweit sie nicht gegen das **Verbot des Richtens in eigener Sache** verstoßen.[183] Dieses Verbot ist im Kern zwingend, so dass dem betroffenen Gesellschafter auch gesellschaftsvertraglich kein Stimmrecht eingeräumt werden kann, wenn über seine eigene Entlastung beschlossen wird.[184] Das Gleiche gilt bei Abstimmungen, ob gegen den betroffenen Gesellschafter ein Rechtsstreit zur Geltendmachung von Ersatzansprüchen eingeleitet oder erledigt werden soll.[185] Ob das Stimmrecht für persönlich haftende Gesellschafter generell ausgeschlossen werden kann, ist nicht abschließend geklärt. Die Autoren, die sich gegen einen entsprechenden Ausschluss aussprechen, sehen einen notwendigen Zusammenhang zwischen der „Haftung und Herrschaft" eines Gesellschafters. Das bedeutet, wer einer unbeschränkten Haftung ausgesetzt ist, darf nicht von den Entscheidungen, die diese

---

[179] MünchKommHGB/*Enzinger*, § 119 Rn. 32; Schlegelberger/*Martens*, HGB § 119 Rn. 39.
[180] MünchKommHGB/*Enzinger*, § 119 Rn. 32.
[181] Beck Hdb. PersG/*Stengel* § 4 Rn. 494; MünchAnwHdb. PersG-Recht/*Plückelmann* § 4 Rn. 69; *Wiedemann*, Gesellschaftsrecht, Bd. II, § 4 I 4, S. 318.
[182] Heymann/*Emmerich*, HGB § 119 Rn. 24.
[183] Baumbach/*Hopt*, HGB § 119 Rn. 12 m.w.N.
[184] BGH, Urteil vom 12.6.1989, II ZR 246/88, BB 1989, 1496.
[185] BGH, Urteil vom 28.1.1980, II ZR 84/79, BGHZ 76, 154ff., NJW 1980, 1527ff.

Haftung begründen, völlig ausgesperrt werden.[186] Für den Kommanditisten einer KG hat der BGH den vertraglichen Stimmrechtsausschluss ausdrücklich als wirksam anerkannt.[187] Für einen persönlich haftenden Gesellschafter ist diese Frage bisher noch nicht entschieden worden und bleibt daher strittig. Die überwiegende Rechtsliteratur lässt einen gesellschaftsvertraglichen Stimmrechtsausschluss auch bei unbeschränkter Haftung des Gesellschafters zu, unter der Vorsaussetzung, dass dessen **Einverständniserklärung** vorliegt. Bei ihrer Begründung beziehen sich die Autoren in der Regel auf das grundsätzlich zulässige Mehrheitsprinzip in Personengesellschaften, wonach die einzelne Stimme eines Gesellschafters abdingbar ist.[188] Der gesellschaftsvertragliche Stimmrechtsausschluss ist nach der herrschenden Meinung allerdings nicht unbeschränkt zulässig. Ein Eingriff in die so genannten „unentziehbaren" Rechte eines stimmrechtslosen Gesellschafters ist nicht ohne dessen explizite Zustimmung möglich.[189] Im Rahmen des Minderheitenschutzes, insbesondere der so genannten Kernbereichslehre, wird auf diese Rechte noch ausführlicher eingegangen.

3.3.3.3 Folgen und Umgehung von Stimmverboten

Ein gesetzlicher oder vertraglicher Stimmrechtsausschluss führt dazu, dass der betroffene Gesellschafter an der konkreten Beschlussfassung nicht teilnehmen darf. Die von einem stimmrechtslosen Gesellschafter abgegebene Stimme wird bei der Auszählung nicht beachtet und ist somit unwirksam.[190] Je nach Fallgestaltung kann sich der von einem Stimmverbot betroffene Gesellschafter gegenüber seinen Mitgesellschaftern wegen positiver Vertragsverletzung des zwischen ihnen bestehenden Mitgliedsverhältnisses schadensersatzpflichtig machen, wenn er seine Stimme unberechtigterweise abgibt. Das gleiche gilt für die Gesellschafter, die die rechtswidrige Stimmabgabe veranlasst oder unterstützt haben. Ebenso ist eine Ersatzpflicht nach § 823 Abs. 2 BGB in Verbindung mit dem Stimmverbot denkbar.[191]

Soweit ein Gesellschafter wirksam von seinem Stimmrecht ausgeschlossen wurde, bleiben seine Informations- und Kontrollrechte, sowie das

---

[186] Baumbach/*Hopt*, HGB § 119 Rn. 13; Staub/*Ulmer*, HGB § 119 Rn. 68 m.w.N.
[187] BGH, Urteil vom 14.5.1956, II ZR 229/54, BGHZ 20, 363, 368.
[188] Ulmer/*Staub*, HGB § 119 Rn. 68f.; Baumbach/*Hopt*, HGB § 119 Rn. 13; Schlegelberger/*Martens*, HGB § 119 Rn. 37; *Ulmer*, BGB § 709 Rn. 63.
[189] *Ulmer*, BGB § 709 Rn. 63; Heymann/*Emmerich*, HGB § 119 Rn. 24.
[190] MünchAnwHdb. PersG-Recht/*Plückelmann* § 4 Rn. 76.
[191] *Wiedemann*, Gesellschaftsrecht, Bd. II, § 4 I 5, S. 321 m.w.N.

Teilnahmerecht an einer einberufenen Gesellschafterversammlung unberührt. Ebenso ist es ihm weiterhin gestattet, in der Versammlung Anträge zu stellen und bei der Erörterung der Maßnahmen mitzuwirken.[192] Ein gesetzliches oder vertragliches Stimmverbot kann nicht dadurch umgangen werden, dass der ausgeschlossene Gesellschafter für die Ausübung der Stimme einen Stimmrechtsvertreter oder Treuhänder zwischenschaltet.[193] Je nach Ausgestaltung des Gesellschaftsvertrages ist es in seltenen Fällen denkbar, dass der gesetzliche und der gesellschaftsvertragliche Stimmrechtsausschluss so miteinander kollidieren, dass am Ende kein Gesellschafter mehr abstimmen darf. Damit die Handlungsfähigkeit der Gesellschaft gewahrt bleibt, soll in diesem Fall der vertragliche Stimmrechtsausschluss entfallen.[194] An dieser Stelle wäre es auch denkbar, die geplante Maßnahme gänzlich zu unterlassen oder einen einstimmigen Beschluss unter den Gesellschaftern herbeizuführen.[195]

3.4 Das gesetzliche Einstimmigkeitsprinzip

Bei den Gesellschaften GbR und OHG sind grundsätzlich alle Gesellschafterbeschlüsse durch sämtliche zur Mitwirkung an der Beschlussfassung berechtigten Gesellschafter **einstimmig** zu fassen. Die Personengesellschafter führen ihre Geschäfte selbstständig.[196] Das so genannte Einstimmigkeitsprinzip ist der **gesetzliche Regelfall**[197] für die Beschlussfassung im Recht der Personengesellschaften und Ausdruck der gleichberechtigten Stellung aller Gesellschafter.[198]

Die **Notwendigkeit** der einstimmigen Beschlussfassung ergibt sich zumindest für Geschäftsführungsfragen unmittelbar aus § 709 Abs. 1 BGB. Andererseits ist das Erfordernis des Einstimmigkeitsprinzips bei Beschlüssen über eine Änderung des Gesellschaftsvertrages nicht ausdrücklich in den §§ 705ff. BGB erwähnt. Dennoch lässt es sich aus den allgemeinen Grundsätzen des Vertragsrechts für die GbR ableiten. Nach § 311 Abs. 1 BGB müssen demzufolge alle Gesellschafter als Partner des Gesellschaftsvertrages an einer Änderung oder Aufhebung desselbigen mitwirken. Bei der OHG gilt in Bezug auf die Vertragsänderungen das Gleiche. Im Unterschied zum BGB erwähnt das HGB den Gesellschafterbeschluss

---

[192] Heymann/*Emmerich*, HGB § 119 Rn. 22; *Ulmer*, BGB § 709 Rn. 64; vgl. *Kapitel 2.2.2*.
[193] Baumbach/*Hopt*, HGB § 119 Rn. 8.
[194] Beck Hdb. PersG/*Stengel* § 4 Rn. 497.
[195] MünchAnwHdb. PersG-Recht/*Plückelmann* § 4 Rn. 78.
[196] *Hueck/Windbichler*, Gesellschaftsrecht, § 2 Rn. 12.
[197] § 709 Abs. 1 BGB, § 119 Abs. 1 HGB
[198] Schlegelberger/*Martens*, HGB § 119 Rn. 1.

als selbstständiges Rechtsinstitut direkt in § 119 Abs. 1 HGB. Das Erfordernis der Einstimmigkeit für vertragsändernde Beschlüsse kann bei der OHG daher bereits aus § 119 Abs. 1 HGB abgeleitet werden.[199]

Mit dem gesetzlichen Einstimmigkeitsprinzip hat der Gesetzgeber für einen optimalen **Schutz** des einzelnen Gesellschafters gesorgt. Gegen oder ohne seine Stimme kann ein Beschluss nämlich nicht gefasst werden. Kein Gesellschafter wird bei der Beschlussfassung übergangen, und in Streitfällen können Alleingänge verhindert werden. Mit zunehmender Zahl von Mitgesellschaftern kann sich eine einstimmige Beschlussfassung jedoch zu einem Hindernis für die Handlungsfähigkeit der Gesellschaft entwickeln. Nach dem Gesetz müssen alle abstimmungsberechtigten Gesellschafter ihre Zustimmung zu dem Beschluss geben. Somit kann bereits die Ablehnung oder Enthaltung eines einzelnen Gesellschafters den Beschluss verhindern.[200] Wird der Beschluss in einer Gesellschafterversammlung gefasst, reicht eine einstimmige Beschlussfassung der anwesenden Gesellschafter nicht aus. Das Einstimmigkeitsprinzip fordert die Zustimmung aller dazu befugten Gesellschafter, also auch die der abwesenden. Selbst bei einer begründeten Verhinderung des einzelnen Gesellschafters oder bei einer besonderen Eilbedürftigkeit der Maßnahme kann das Einstimmigkeitsprinzip nicht umgangen werden.[201] Das Erfordernis der Einstimmigkeit kann aus diesen Gründen zumindest zeitweise zu einer Blockierung der Willensbildung führen und die Durchführung von dringend erforderlichen Maßnahmen verhindern.[202]

Ebenso besteht die Gefahr, dass ein Gesellschafter die Teilnahme an der Gesellschafterversammlung über einen längeren Zeitraum hinweg boykottiert, so dass Beschlüsse mangels seiner Zustimmung nicht gefasst werden können. Selbst wenn der **obstruierende** Gesellschafter aufgrund seiner gesellschaftsrechtlichen Treuepflicht auf seine Zustimmung oder Mitwirkung an der Beschlussfassung verklagt werden kann,[203] wird der Gesellschaft alleine durch den Zeitablauf bis zur Urteilsverkündung ein Schaden entstehen.[204] Aus zuvor genannten Gründen bietet sich daher eine gesellschaftsvertragliche Regelung an, die das gesetzliche Einstimmigkeitsprinzip dahingehend modifiziert, dass die Zustimmung aller an-

---

[199] Vgl. *Nitschke*, Die körperschaftlich strukturierte Personengesellschaft, S. 71f.; *Heinrichs*, Mehrheitsbeschlüsse bei Personengesellschaften, S. 33f.
[200] Staub/*Ulmer*, HGB § 119 Rn. 30.
[201] *Heinrichs*, Mehrheitsbeschlüsse bei Personengesellschaften, S.32 m.w.N.
[202] Schlegelberger/*Martens*, HGB § 119 Rn. 14.
[203] Vgl. *Kapitel 3.3.3.2 a.E.*
[204] Staub/*Ulmer*, HGB § 119 Rn. 31; Schlegelberger/*Martens*, HGB § 119 Rn. 14.

wesenden Gesellschafter für die Beschlussfassung ausreicht. Eine Obstruktionspolitik einzelner Gesellschafter wird dadurch verhindert.

Der **historische Gesetzgeber** ist bei der einstimmigen Beschlussfassung als dem gesetzlichen Regelfall offensichtlich von der Erwartung ausgegangen, dass sich die Gesellschafter aufgrund ihrer engen persönlichen Bindung bei Meinungsverschiedenheiten einig werden. Nicht bedacht wurden die Fälle, in denen die Gesellschaften nicht mehr dem typischen gesetzlichen Leitbild einer Personengesellschaft als Arbeits- und Haftungsgemeinschaft entsprechen, weil sie beispielsweise auf den Beitritt möglichst vieler Gesellschafter ausgerichtet sind oder die Überlassung von Kapital im Vordergrund steht. Eine einvernehmliche Zustimmung zu einem Antrag wird hier kaum mehr möglich sein, so dass das gesetzliche Einstimmigkeitsprinzip den Bedürfnissen der Gesellschaft nicht mehr gerecht wird.[205]

Lediglich in **Geschäftsführungsfragen** schränkt der Gesetzgeber das Einstimmigkeitsprinzip bei den Personengesellschaften ein. Bei der **Gesellschaft bürgerlichen Rechts** steht die Geschäftsführung grundsätzlich allen Gesellschaftern gemeinschaftlich zu. Aufgrund des in § 709 Abs. 1 BGB verankerten Einstimmigkeitsprinzips erfordert daher jede Geschäftsführungsmaßnahme – gleich, ob gewöhnlich oder ungewöhnlich – die Zustimmung aller Gesellschafter. Der Grundsatz der Gesamtgeschäftsführung ist aber nicht zwingend, sondern dispositiv. Die Gesellschafter können zweckmäßigerweise das gesetzlich vorgeschriebene Einstimmigkeitsprinzip durch eine abweichende Regelung im Gesellschaftsvertrag ersetzen. Dementsprechend können beispielsweise alle Gesellschafter geschäftsführungsbefugt, gleichzeitig jeder Gesellschafter aber auch dazu berechtigt sein, allein zu handeln.[206] Im Bereich einer derartigen **Einzelgeschäftsführung** findet eine Beschlussfassung über Geschäftsführungsmaßnahmen nicht mehr statt, so dass der Grundsatz der einstimmigen Beschlussfassung nicht mehr anzuwenden ist. Den anderen Geschäftsführern verbleibt das Widerspruchsrecht nach § 711 BGB, wonach die Maßnahme gegebenenfalls unterbleiben muss.[207] Damit nicht erst für jedes Tagesgeschäft die Zustimmung sämtlicher Gesellschafter eingeholt werden muss, empfiehlt sich die Aufnahme einer gesellschaftsvertraglichen Regelung über eine vom gesetzlichen Regelfall abweichende Geschäftsführungsbefugnis.

---

[205] Vgl. *Heinrichs*, Mehrheitsbeschlüsse bei Personengesellschaften, S. 44ff.
[206] *Eisenhardt*, Gesellschaftsrecht, § 5 Rn. 57f.
[207] *Ulmer*, BGB § 709 Rn. 54; Schlegelberger/*Martens*, HGB § 119 Rn. 3; Beck Hdb. PersG/*Stengel* § 3 Rn. 392; a.A. *Hueck* OHG § 11 I 1.

Eine weitere Abweichung vom Einstimmigkeitsprinzip lässt das Gesetz für den Fall einer **Notgeschäftsführung** analog § 722 Abs. 2 BGB zu. Ist ein Handeln im Gesellschaftsinteresse dringend erforderlich und kann nicht aufgeschoben werden, kann eine Maßnahme auch dann ohne die vorherige Zustimmung der übrigen Gesellschafter durchgeführt werden, wenn eine rechtzeitige Einholung nicht mehr möglich war. Auf § 722 Abs. 2 BGB kann sich jeder Gesellschafter berufen, auch wenn er nicht zur Geschäftsführung befugt ist.[208]

Bei der **offenen Handelsgesellschaft** ist die Einzelgeschäftsführung der gesetzliche Regelfall,[209] so dass der einzelne Gesellschafter nur durch das Widerspruchsrecht der anderen geschäftsführenden Gesellschafter beschränkt wird. Hierin unterscheidet sich die OHG von der GbR. Die Einzelvertretungsbefugnis bei der OHG erstreckt sich allerdings nur auf Handlungen, die der **gewöhnliche** Betrieb des Handelsgewerbes der konkreten Gesellschaft mit sich bringt. Zur Vornahme von Handlungen, die darüber hinausgehen, ist ein Gesellschafterbeschluss notwendig. Für derartige Beschlüsse ist die Zustimmung sämtlicher Gesellschafter – auch der nicht geschäftsführenden Gesellschafter – erforderlich. Was im Einzelfall als eine außergewöhnliche Handlung gilt, ist dem jeweiligen Gesellschaftszweck zu entnehmen. Subsumierend lässt sich sagen, dass die OHG im gesetzlichen Grundfall nur bei außergewöhnlichen Maßnahmen vom Einstimmigkeitsprinzip beherrscht wird. Das Notgeschäftsführungsrecht gemäß § 744 Abs. 2 BGB gilt für die OHG entsprechend.[210]

3.5 Entscheidungsfindung durch Mehrheitsbeschluss

3.5.1 Das Mehrheitsprinzip

In der Praxis hat sich gezeigt, dass eine einstimmige Beschlussfassung aus den genannten Gründen für die innergemeinschaftliche Willensbildung der Gesellschaft zu schwerfällig ist. Gerade im Bereich der Geschäftsführung ist das Bedürfnis besonders stark, hiervon abzuweichen.[211] Entsprechendes ergibt sich aber auch für Beschlüsse über die Änderung des Gesellschaftsvertrages. Im heutigen Geschäftsleben sind die Gesellschafter generell darauf angewiesen, auf Änderungen am Markt flexibel reagieren

---

[208] *Ulmer*, BGB § 709 Rn. 21, 40.
[209] *Klunzinger*, Grundzüge des Gesellschaftsrechts, § 5 (S. 71).
[210] §§ 114ff. HGB; *Nitschke*, Die körperschaftlich strukturierte Personengesellschaft, S. 73f.
[211] Vgl. *Kapitel 3.4*.

zu können, so dass der Gesellschaftsvertrag häufig an die veränderten Verhältnisse angepasst werden muss. Um die Entscheidungsfindung über die Anpassung des Vertrages zu erleichtern, besteht dementsprechend auch hier das Bedürfnis, vom gesetzlichen Einstimmigkeitsprinzip abzuweichen, und Mehrheitsentscheidungen zuzulassen.[212]

Infolge der Einführung des so genannten **Mehrheitsprinzips** wird die Flexibilität der Beschlussfassung deutlich gesteigert, indem eine bestimmte Gesellschaftermehrheit einen für alle Gesellschafter verbindlichen Beschluss fassen kann, ohne dass es dabei auf die Zustimmung jedes einzelnen ankommt.[213] Die **Zulässigkeit** von Mehrheitsbeschlüssen, bzw. die Abdingbarkeit des gesetzlichen Einstimmigkeitsprinzips ergibt sich bereits aus dem Gesetz. Die Vorschriften § 709 Abs. 2 BGB und § 119 Abs. 2 HGB beinhalten jeweils eine Auslegungsregel, wonach die Mehrheit im Zweifel nach der Zahl der Gesellschafter zu berechnen ist. Eine derartige Regelung wäre hinfällig, wenn Mehrheitsbeschlüsse nicht zulässig wären.[214]

Für eine Abweichung vom Grundsatz der einstimmigen Beschlussfassung bedarf es prinzipiell einer gesellschaftsvertraglichen Regelung durch die Gesellschafter oder einer ad-hoc-Zustimmung der mitwirkungsberechtigten Gesellschafter.[215] Fehlt es im ursprünglichen Gesellschaftsvertrag an einer derartigen **Mehrheitsklausel**, kann diese noch nachträglich durch einstimmigen Gesellschafterbeschluss eingeführt werden. Ebenso ist es denkbar, dass die Zulässigkeit von Mehrheitsbeschlüssen stillschweigend vereinbart wurde, indem die Gesellschafter über einen längeren Zeitraum hinweg generell durchgängig mit der Mehrheit abgestimmt haben (normative Kraft des Faktischen). Eine namentliche Klausel im Gesellschaftsvertrag ist somit nicht zwingend erforderlich.[216] Mehrheitsbeschlüsse sind generell für sämtliche Beschlussgegenstände zulässig.[217] Je nach Fallgestaltung sind sie mehrfach schon im Gesetz vorgesehen.[218] An eine gesellschaftsvertragliche Mehrheitsklausel werden allerdings unterschiedlich hohe Anforderungen gestellt, die von dem jeweiligen Beschlussgegenstand abhängig sind. Speziell wird hierauf in *Kapitel 3.5.3* eingegangen.

---

[212] *Heinrichs*, Mehrheitsbeschlüsse bei Personengesellschaften, S. 44ff.
[213] Staub/*Ulmer*, HGB § 119 Rn. 31.
[214] *Heinrichs*, Mehrheitsbeschlüsse bei Personengesellschaften, S.35f.
[215] Vgl. *Wiedemann*, Gesellschaftsrecht, Bd. II, § 4 I 3, S. 300.
[216] MünchKommHGB/*Enzinger*, § 119 Rn. 5; Baumbach/*Hopt*, HGB § 119 Rn. 34.
[217] MünchKommHGB/*Enzinger* HGB § 119 Rn. 5.
[218] Beispiele: § 712 Abs. 1 BGB, § 715 i.V.m. § 712 BGB, § 116 Abs. 2 HGB, § 113 Abs. 2 HGB.

3.5.2 Die Notwendigkeit eines Minderheitenschutzes

Durch die Einführung von Mehrheitsbeschlüssen wird eine Mehrheit dazu ermächtigt, über die zu fassenden Beschlüsse mit Wirkung für sämtliche Gesellschafter zu entscheiden. Dies gilt auch in wichtigen Angelegenheiten, wie beispielsweise bei Änderungen des Gesellschaftsvertrages. Für die Minderheit besteht dabei stets die Gefahr, dass der Vertrag zu ihren Lasten abgeändert wird und sie sich, trotz allem, der Mehrheit beugen muss. Insbesondere wenn sich eine feste Mehrheitsstruktur in der Gesellschaft gebildet hat, hat das Stimmrecht der **Minderheitsgesellschafter** faktisch keinerlei Bedeutung mehr, und die Gesellschafterbeschlüsse kommen einer einseitigen Anordnung der Mehrheit gleich. Auch wenn die Minderheitsgesellschafter weiterhin an der Beschlussfassung mitwirken, können sich die Mehrheitsgesellschafter einfach über ihre Argumente und Interessen hinwegsetzen und bei der Beschlussfassung ausschließlich ihre eigenen Interessen verfolgen.[219]

Aus alledem ergibt sich ein besonderes **Schutzbedürfnis** der Minderheit vor einem Machtmissbrauch der Mehrheitsgesellschafter, insbesondere, wenn die Beschlüsse in die Rechtsstellung der Gesellschafter eingreifen und diese verschlechtern würden. Die gesellschaftsvertragliche Einführung von Mehrheitsklauseln kann deshalb nicht unbeschränkt zulässig sein. Neben den für alle Rechtsgeschäfte gültigen §§ 134, 138 BGB, wonach ein Mehrheitsbeschluss nicht gegen Gesetze verstoßen oder keine sittenwidrige Abhängigkeit des Einzelnen von der Mehrheit begründen darf, enthält das Gesetz keine geschriebenen Schutzvorschriften für die Minderheitsgesellschafter. Da der Gesetzgeber ursprünglich davon ausging, dass die Gesellschafter ihre Beschlüsse einstimmig fassen und sich untereinander einig werden, stellte sich das Problem der Mehrheitsmacht für ihn nicht. Folglich legt er in §§ 709 Abs. 2 BGB und 119 Abs. 2 HGB lediglich einen Maßstab für die Berechnung der Mehrheit fest.

Die Personengesellschafter sind demzufolge gesetzlich schlechter geschützt als beispielsweise ein Kleinaktionär bei einer großen AG, der üblicherweise die Möglichkeit hat, seine Aktien problemlos zu verkaufen. Bei Personengesellschaften steht indes kein Markt für die Veräußerung der Beteiligung zur Verfügung. Zugleich wird ein Austritt aus der Gesellschaft größtenteils durch Beschränkungen des Kündigungsrechts und des Abfindungsanspruchs erschwert. Dem Minderheitenschutz im Recht der Personengesellschaften kommt folglich eine wichtige Bedeutung zu.[220]

---

[219] *Heinrichs*, Mehrheitsbeschlüsse bei Personengesellschaften, S.66f. m.w.N.
[220] Vgl. *Heinrichs*, Mehrheitsbeschlüsse bei Personengesellschaften, S. 23.

Aufgrund der Defizite im Recht der Personengesellschaften hat die Rechtsprechung so genannte **ungeschriebene**, zum größten Teil auf Richterrecht beruhende **Schranken** der Mehrheitsmacht entwickelt, um einen angemessenen Minderheitenschutz zu gewährleisten. Namentlich gehören dazu der Bestimmtheitsgrundsatz, die Kernbereichslehre, die Treuepflicht, der Gleichbehandlungsgrundsatz, sowie der Verhältnismäßigkeitsgrundsatz.[221] Diese Schranken sind Gegenstand des nachfolgenden Kapitels.

3.5.3 Die Schranken der Mehrheitsmacht im Einzelnen

3.5.3.1 Der Bestimmtheitsgrundsatz als Schranke von Mehrheitsbeschlüssen

Eine für den Umfang der Mehrheitsmacht wichtige Schranke ergibt sich aus dem so genannten Bestimmtheitsgrundsatz.[222] Er stellt gewisse Anforderungen an den Inhalt einer gesellschaftsvertraglichen Mehrheitsklausel und reduziert dadurch ihren Geltungsbereich. Vereinfacht gesagt, darf ein Mehrheitsbeschluss unter Anwendung des Bestimmtheitsgrundsatzes nur dann gefasst werden, wenn der Gesellschaftsvertrag den Beschlussgegenstand, über den mit Stimmmehrheit entschieden werden soll, hinreichend genau bestimmt. Die Anforderungen an die Genauigkeit der Klausel werden dabei umso höher, je stärker der Mehrheitsbeschluss in das Gesellschaftsgefüge eingreift.[223]

Hintergedanke des Bestimmtheitsgrundsatzes ist, dass eine gesellschafts-vertragliche Generalklausel für Mehrheitsbeschlüsse der Mehrheit eine unabsehbare Kompetenz einräumen würde. Da man nicht annehmen kann, dass sich die Minderheit dieser Gefahr freiwillig aussetzen will, werden Mehrheitsklauseln je nach Ausgestaltung unterschiedlich ausgelegt. Ergibt sich dabei nicht eindeutig, ob im konkreten Fall Mehrheitsbeschlüsse ausreichend sind, gilt im Zweifel immer das die Minderheit schützende Einstimmigkeitsprinzip. Folglich fungiert der Bestimmtheitsgrundsatz als Schranke von Mehrheitsbeschlüssen.[224] Die Auslegung einer

---

[221] Vgl. *Hueck/Windbichler*, Gesellschaftsrecht, § 14 Rn. 11; *Schmidt/Bierly*, OHG, KG und PublikumsG, Rn. 369 m.w.N.
[222] Schlegelberger/*Martens*, HGB § 119 Rn. 17ff.
[223] Vgl. *Wiedemann*, Gesellschaftsrecht, Bd. II, § 4 I 3, S. 300.
[224] Vgl. insgesamt: *Heinrichs*, Mehrheitsbeschlüsse bei Personengesellschaften, S. 68ff. m.w.N.

gesellschaftsvertraglichen Mehrheitsklausel erfolgt insoweit in einem „**Drei-Stufen-System**":

- Enthält der Gesellschaftsvertrag nur eine allgemein gehaltene Mehrheitsklausel, wonach Beschlüsse mit Stimmmehrheit gefasst werden, sind im Zweifel nur Gesellschafterbeschlüsse über die laufende **Geschäftsführung** von ihr abgedeckt. Änderungen des Gesellschaftsvertrages oder sonstige Grundlagengeschäfte werden nicht von ihr umfasst; ebenso wenig die außergewöhnlichen Geschäftsführungsmaßnahmen i.S.v. § 116 Abs. 2 HGB bei der OHG.[225]

- Ergibt sich aber aus dem Gesellschaftsvertrag, dass sich die Mehrheitskompetenz auch auf Beschlüsse über Änderungen des Gesellschaftsvertrages erstrecken soll, beschränkt sich die Bestimmung im Zweifel auf die **üblichen Vertragsänderungen**.

- Bei Vertragsänderungen mit **ungewöhnlichem** Inhalt muss sich jeder einzelne Beschlussgegenstand aus dem Gesellschaftsvertrag erkennen lassen. Eine ausdrückliche Aufzählung der einzelnen in Betracht kommenden Gegenstände ist zwar nicht erforderlich, aber es muss sich durch Auslegung[226] zweifellos ergeben, dass ein Mehrheitsbeschluss für eine derartige Vertragsänderung genügend ist.[227]

Rechtsprechung und Schrifttum haben sich in der Vergangenheit eingehend mit der Frage beschäftigt, was man unter einer **ungewöhnlichen** Vertragsänderung zu verstehen hat. Hieraus hat sich ein umfangreicher, nicht abgeschlossener **Katalog** von entsprechenden Beschlussgegenständen herausgebildet. Insbesondere gehören alle Beschlüsse, die den so genannten Kernbereich der Gesellschaftsrechte betreffen, zu den ungewöhnlichen Vertragsänderungen.[228] Welche konkreten Rechte in diesen Kernbereich fallen, ist unter anderem Gegenstand des nächsten Gliederungspunktes. Ferner erachtet die Rechtsprechung insbesondere folgende Vertragsänderungen für ungewöhnlich:

- Beitragserhöhungen,
- die Änderung der Gewinnverteilung,

---

[225] Heymann/*Emmerich*, HGB § 119 Rn. 31; Baumbach/*Hopt*, HGB § 119 Rn. 37; Schlegelberger/*Martens*, HGB § 119 Rn. 17.
[226] §§ 133, 157 BGB
[227] Baumbach/*Hopt*, HGB § 119 Rn. 37; Schlegelberger/*Martens*, HGB § 119 Rn. 17, Palandt/*Sprau*, BGB § 705 Rn. 16; *Ulmer*, BGB § 709 Rn. 84.
[228] Schlegelberger/*Martens*, HGB § 119 Rn. 33.

- die Bildung nicht notwendiger Rücklagen,
- die Ausschließung einzelner Gesellschafter,
- die Aufnahme neuer Gesellschafter,
- Bestimmungen über die Art der Auseinandersetzung,
- Änderung des Gesellschaftszweckes,
- Erweiterung des Unternehmensgegenstandes,
- die Auflösung der Gesellschaft,
- die Fortsetzung der Gesellschaft nach Auflösung,
- die Beschränkung der „actio pro socio", sowie der Entzug der Geschäftsführungs- und Vertretungsbefugnis,
- Abweichungen vom Gleichbehandlungsgrundsatz
- und der Entzug des Informationsrechts.[229]

Die **Kritiker** des Bestimmtheitsgrundsatzes setzen genau an dieser Stelle an, indem sie beklagen, dass die anfängliche **Warn- und Schutzfunktion** des Bestimmtheitsgrundsatzes durch die Aufnahme derart umfangreicher Kataloge in den Gesellschaftsvertrag unterlaufen wird, weil sich die betroffenen Gesellschafter bereits im Voraus einer Mehrheitsentscheidung über alle aufgeführten Beschlussgegenstände unterwerfen.[230] Es ist festzuhalten, dass die Anwendung einer Mehrheitsklausel teilweise von einer geschickten und detaillierten Vertragsgestaltung abhängig ist. Folglich kommt es in der Praxis nicht selten vor, dass Mehrheitsklauseln zu allgemein gefasst sind, so dass im Zweifel dennoch das gesetzliche Einstimmigkeitsprinzip anzuwenden ist. Je nach Fallkonstellation kann dies wiederum dazu führen, dass die Handlungsfähigkeit der Gesellschaft blockiert wird, weil es an der Zustimmung einzelner Gesellschafter fehlt. Diesen Konflikt hat der **BGH** zum Anlass genommen, die Anwendung des Bestimmtheitsgrundsatzes für die so genannten „Publikumsgesellschaften" und die sonstigen „großen Personengesellschaften" **einzuschränken** - also für Gesellschaften, die sich aus einer Vielzahl von einander nicht eng verbundenen Gesellschaftern zusammensetzen und folglich nicht dem gesetzlichen Leitbild der Personengesellschaften entsprechen. Der BGH verzichtet in diesen Fällen auf eine strenge Einhaltung der genauen Be-

---

[229] *Heinrichs*, Mehrheitsbeschlüsse bei Personengesellschaften, S. 77f. m.w.N.; Schlegelberger/*Martens*, HGB § 119 Rn. 34.
[230] Ebenroth/Boujong/Joost/*Goette*, HGB § 119 Rn. 50; *Wiedemann*, Gesellschaftsrecht, Bd. II § 4 I 3, S. 303.

zeichnung der Beschlussgegenstände in der gesellschaftsvertraglichen Mehrheitsklausel, so dass im Zweifel auch über ungewöhnliche Handlungen mit Mehrheit abgestimmt werden kann. Die zuletzt einschlägigen Urteile der Rechtsprechung lassen jedoch nicht darauf schließen, dass der Bestimmtheitsgrundsatz prinzipiell abgeschafft werden soll.[231]

Subsumierend lässt sich festhalten, dass der Bestimmtheitsgrundsatz als eine **formelle** Schranke dem Minderheitenschutz dient, indem er die Frage beantwortet, ob die Mehrheit für den zu beschließenden Gegenstand eine hinreichende gesellschaftsvertragliche Kompetenz besitzt. Trotz aller Kritik ist er als Auslegungsregel für gesellschaftsvertragliche Mehrheitsklauseln beizubehalten. Für einen umfangreichen Schutz der Minderheit sind allerdings weitere Schranken der Mehrheitsherrschaft erforderlich.[232]

3.5.3.2 Die Kernbereichslehre als Schranke von Mehrheitsbeschlüssen

Der Bestimmtheitsgrundsatz wird heute durch die so genannte Kernbereichslehre ergänzt. Sie räumt dem einzelnen Gesellschafter individuelle Rechte ein, die nicht ohne weiteres durch Mehrheitsbeschluss entzogen werden dürfen. Auf das Beschlussverfahren kann sich das entweder derart auswirken, dass man zur einstimmigen Beschlussfassung zurückkehrt oder derart, dass für einen Mehrheitsbeschluss die ausdrückliche Zustimmung des betroffenen Gesellschafters nachgewiesen werden muss.[233] Die Zustimmung ist folglich Wirksamkeitsvoraussetzung. Bis diese nicht vorliegt, ist der Beschluss „schwebend unwirksam".[234] Bei der Kernbereichslehre geht es daher nicht um die Frage, ob die Mehrheit eine ausreichende Befugnis für den Beschlussgegenstand besitzt, sondern vielmehr um den Schutz des einzelnen Gesellschafters vor einem Eingriff in den Kernbereich seiner Rechtsposition.[235] Größtes **Problem** der Kernbereichslehre ist der nicht definierte Begriff des „Kernbereichs". Dadurch kann nicht zweifelsfrei bestimmt werden, welche konkreten Mitgliedschaftsrechte von diesem Bereich umfasst werden. Der BGH nimmt die Grenze des Kernbereichs dort an, wo Gesellschafterbeschlüsse in Frage stehen, die in die Rechtsstellung des Gesellschafters „als solche" eingrei-

---

[231] *Ulmer*, BGB § 709 Rn. 86 m.w.N.; *Wiedemann*, Gesellschaftsrecht, Bd. II, § 4 I 3, S. 301 m.w.N.; Sudhoff/*Schulte*, Personengesellschaften, 2. Teil, § 12 Rn. 44.
[232] Baumbach/*Hopt*, HGB § 119 Rn. 39; Heymann/*Emmerich*, HGB § 119 Rn. 35; *Heinrichs*, Mehrheitsbeschlüsse bei Personengesellschaften, S. 147.
[233] *Wiedemann*, Gesellschaftsrecht, Bd. II, § 4 I 3, S. 302.
[234] MünchKommHGB/*Enzinger*, § 119 Rn. 70.
[235] *Heinrichs*, Mehrheitsbeschlüsse bei Personengesellschaften, S. 151.

fen.²³⁶ Die einschlägige Literatur unterscheidet vielfach zwischen einem **unverzichtbaren**, einem **unentziehbaren** und einem **stimmrechtsfesten** Kernbereich von Mitgliedschaftsrechten, wobei Mehrheitsbeschlüsse nur hinsichtlich der unentziehbaren Rechte in Betracht kommen.²³⁷

Die **unverzichtbaren** Mitgliedschaftsrechte stellen den „engsten Kernbereich" dar. Sie stehen dem einzelnen Gesellschafter zwingend zu und sind für seine Gesellschafterstellung unentbehrlich. Ohne diese Rechte würde er über keinerlei Einfluss- und Kontrollmöglichkeiten innerhalb der Gesellschaft verfügen.²³⁸ Derartige Mitgliedschaftsrechte können weder durch eine gesellschaftsvertragliche Vereinigung noch durch Gesellschafterbeschluss abgetreten oder eingeschränkt werden, so dass der Privatautonomie an dieser Stelle eine Grenze gesetzt ist. Eine Mehrheitsklausel, die die Mehrheit zum Eingriff in diesen Kernbereich ermächtigt, ist nichtig. Lediglich im konkreten Einzelfall kann der betroffene Gesellschafter auf seine Rechte verzichten. An der generellen Unverzichtbarkeit ändert das nichts, so dass diese Rechte künftig wieder ausnahmslos ausgeübt werden können.²³⁹ Folgende Mitgliedschaftsrechte fallen nach überwiegender Auffassung in den „engsten Kernbereich" der **unverzichtbaren** Rechte:

- das außerordentliche Kontrollrecht nach §§ 716 Abs.2 BGB, 118 Abs.2 HGB,
- das Teilnahmerecht an Gesellschafterversammlungen samt Rede- und Antragsrecht,
- das Recht auf Anfechtung von rechtswidrigen Beschlüssen,
- das Austrittsrecht aus wichtigem Grund,
- die actio pro socio bei Verdacht unredlicher Geschäftsführung oder sonstigen groben Fehlverhaltens von Gesellschaftern,
- die Wahrung des Gleichbehandlungsgrundsatzes, sowie die Beachtung der Treuepflichtschranken
- sowie die Auflösung der Gesellschaft aus wichtigem Grund.²⁴⁰

---

[236] MünchKommHGB/*Enzinger*, HGB § 119 Rn. 64; Schlegelberger/*Martens*, HGB § 119 Rn. 24.
[237] *Heinrichs*, Mehrheitsbeschlüsse bei Personengesellschaften, S. 154ff.
[238] Schlegelberger/*Martens*, HGB § 119 Rn. 25.
[239] Schlegelberger/*Martens*, HGB § 119 Rn. 26; *Heinrichs*, Mehrheitsbeschlüsse bei Personengesellschaften, S. 156f. m.w.N.
[240] Statt aller: Staub/*Ulmer*, HGB § 119 Rn. 41 m.w.N.

Das **Recht zur Stimmabgabe** zählt nach strittiger Auffassung nicht zu den unverzichtbaren Mitgliedschaftsrechten. Es kann bis auf die Beschluss-gegenstände des unverzichtbaren Kernbereichs ausgeschlossen werden.[241]

Die **unentziehbaren** Mitgliedschaftsrechte bilden den „erweiterten" Kernbereich. Sie können grundsätzlich nicht ohne die Zustimmung des betroffenen Gesellschafters eingeschränkt oder ausgeschlossen werden.

Zu diesen Rechten werden beispielsweise gezählt:

- das Stimmrecht,
- das Recht auf Geschäftsführung und Vertretung,
- das Gewinnbeteiligungsrecht,
- das Liquidationserlösrecht,
- das Informationsrecht in dem über §§ 716 Abs. 2 BGB, 118 Abs. 2 HGB hinausgehenden Bereich,
- der Schutz vor mehrheitlich festgesetzten Beitragserhöhungen, sowie vor mehrheitlichen Vertragsverlängerungen oder sonstiger Änderung der Kündigungsfolgen.[242]

Fasst man die unverzichtbaren und unentziehbaren Mitgliedschaftsrechte zusammen, decken sie sich weitgehend mit dem Anwendungsbereich der dritten und höchsten Stufe des **Bestimmtheitsgrundsatzes**. Das Zustimmungserfordernis des betroffenen Gesellschafters verhindert, selbst bei einer hinreichend bestimmten Mehrheitsklausel, den Eingriff in seine unentziehbaren Rechte.[243]

Nach strittiger Auffassung kann der Gesellschafter die erforderliche Zustimmung zu einem Eingriff in seine unentziehbaren Rechte bereits im Gesellschaftsvertrag erteilen.[244] Diese so genannte **antizipierte** Zustimmung ist an gewisse Voraussetzungen geknüpft. Die gesellschaftsvertragliche Klausel muss dabei so konzipiert sein, dass sich Art und Umfang des Eingriffs in die Rechte des Gesellschafters unmissverständlich aus ihr erkennen lassen. Eine allgemeine Unterwerfung unter den Mehrheitswillen ist folglich nicht ausreichend.[245] Soll beispielsweise die Mehrheit dazu er-

---

[241] Schlegelberger/*Martens*, HGB § 119 Rn. 25 a.E.; Staub/*Ulmer*, HGB § 119 Rn. 42.
[242] Statt aller: Staub/*Ulmer*, HGB § 119 Rn. 42 m.w.N.
[243] Baumbach/*Hopt*, HGB § 119 Rn. 36.
[244] Statt aller: *Heinrichs*, Mehrheitsbeschlüsse bei Personengesellschaften, S. 168f. m.w.N.
[245] Bamberger/*Roth*, BGB § 709 Rn. 38.

mächtigt werden, eine Kapitalerhöhung beschließen zu können, muss der Erhöhungswert betragsmäßig im Gesellschaftsvertrag festgeschrieben sein.[246] Neben einer derartigen Zustimmung kann der Gesellschafter sein Einverständnis auch erst nachträglich bei der konkreten Beschlussfassung erklären, wobei die Abgabe seiner Stimme ebenso als Zustimmung zu verstehen ist.[247]

Die **stimmrechtsfesten** Beschlussgegenstände stellen den „äußersten Kernbereich" dar. In diesem Bereich sind Mehrheitsbeschlüsse grundsätzlich möglich. Den Gesellschaftern steht aber ein zwingendes Recht auf Beteiligung an der Beschlussfassung zu.[248] Folglich kann das Stimmrecht der Gesellschafter an dieser Stelle nicht ausgeschlossen werden, so dass die stimmrechtsfesten Beschlussgegenstände nicht nur eine Schranke in Bezug auf Mehrheitsbeschlüsse darstellen, sondern auch bezüglich eines gesellschaftsvertraglichen Stimmrechtsausschlusses.[249] In diese dritte und abschließende Kategorie fallen letztendlich solche Beschlüsse, die nur eine mittelbare Auswirkung auf die Mitgliedschaft haben, für die Gesellschaft oder die einzelnen Gesellschafter dennoch von wesentlicher Bedeutung sind. Das gilt beispielsweise für Beschlüsse über die Änderung des Gesellschaftszwecks oder die Umstrukturierung der Gesellschaft unter Veränderung der Rechtsform.[250]

Subsumierend ergibt sich aus der Kernbereichslehre eine sehr **unterschiedliche Schutzintensität** für den Gesellschafter. Der Kernbereich verkörpert sowohl zwingende, fundamentale Mitgliedschaftsrechte, als auch Grenzen der Mehrheitsmacht und Stimmrechtsschranken. Während einige Rechte unabdingbar für die Mitgliedschaft sind, bedürfen andere der Zustimmung des Einzelnen, um ausgeschlossen oder beschränkt zu werden. Andere wiederum benötigen nicht die Zustimmung des betroffenen Gesellschafters, sondern lediglich dessen Beteiligung. Die Intensität des Minderheitenschutzes hängt folglich vom jeweiligen Mitgliedschaftsrecht ab.[251]

---

[246] Sudhoff/*Schulte*, Personengesellschaftern, 2. Teil, § 12 Rn. 44 a.E.
[247] *Wiedemann*, Gesellschaftsrecht, Bd. II, § 4 I 3, S. 302.
[248] Schlegelberger/*Martens*, HGB § 119 Rn. 29.
[249] *Heinrichs*, Mehrheitsbeschlüsse bei Personengesellschaften, S. 173.
[250] Staub/Ulmer, HGB § 119 Rn. 43.
[251] *Lockowandt*, Stimmrechtsbeschränkungen im Recht der Personengesellschaften, Kernbereichslehre und Stimmrechtsausschluss, S. 175.

3.5.3.3 Die Treuepflicht der Gesellschafter in Bezug auf Mehrheitsbeschlüsse

Auf welcher **rechtlichen Grundlage** die Treuepflicht eines Gesellschafters basiert, ist in der Rechtsliteratur umstritten.[252] Eine Ansicht meint, die Treuepflicht lässt sich aus dem in § 242 BGB verankerten Grundsatz von Treu und Glauben herleiten. Andere sehen ihre Grundlage in der gesellschaftsvertraglichen Zweckförderungspflicht nach § 705 BGB. Zum Teil wird noch angenommen, die Treuepflicht ergibt sich aus dem vom gegenseitigen Vertrauen getragenen Gemeinschaftsverhältnis.[253] Infolge der gesellschaftsrechtlichen Treuepflicht dürfen die Mehrheitsgesellschafter ihre Stimme nicht dazu missbrauchen, die Minderheit übermäßig zu benachteiligen. Bei der Ausübung ihres Stimmrechts haben sie vielmehr auf die Interessen der Minderheitsgesellschafter Rücksicht zu nehmen. Dementsprechend unterstützt die Treuepflicht den Bestimmtheitsgrundsatz und die Kernbereichslehre in ihrer Aufgabe, die Minderheitsgesellschafter vor einem Machtmissbrauch zu schützen.[254] Durch die gesellschaftsrechtliche Treuepflicht wird eine **inhaltliche Kontrolle** der Mehrheitsbeschlüsse ermöglicht.[255] Dabei wird geprüft, ob die Mehrheit von ihrer eingeräumten Kompetenz in loyaler Weise Gebrauch gemacht hat, oder ob dagegen ein Mehrheitsmissbrauch vorliegt. Diese Treuepflichtprüfung ist unproblematisch neben dem Bestimmtheitsgrundsatz anzuwenden, da sie erst dann einsetzt, wenn bereits feststeht, dass die Mehrheit eine hinreichende Kompetenz für die Beschlussfassung hatte. Ferner können Beschlüsse zwar den Anforderungen der Kernbereichslehre entsprechen, es ist aber nicht auszuschließen, dass sie wegen Machtsmissbrauches treuwidrig sind.[256]

Ausgangspunkt bei der konkreten Prüfung ist nicht etwa der gefasste Gesellschafterbeschluss, sondern das **Abstimmungsverhalten** des Mehrheitsgesellschafters. Stellt sich dabei heraus, dass der Inhalt seiner abgegebenen Stimme gegen die ihm in Bezug auf die Minderheitsgesellschafter obliegende Treuepflicht verstoßen hat, ist seine Stimme nichtig. Dies hat gleichzeitig die Unwirksamkeit des gesamten Mehrheitsbeschlusses zur Folge, wenn die treuwidrige Stimme für die Mehrheit erforderlich

---

[252] Vgl. *Hüffer*, Gesellschaftsrecht, § 11 Rn. 13.
[253] *Schmidt/Bierly*, OHG, KG und PublikumsG, Rn. 510 m.w.N.
[254] *Schlegelberger/Martens*, HGB § 709 Rn. 30; *Ulmer*, BGB § 709 Rn. 100.
[255] *Wiedemann*, Gesellschaftsrecht, Bd. II, § 4 I 3, S. 304.
[256] *Heinrichs*, Mehrheitsbeschlüsse bei Personengesellschaften, S. 235.

war.[257] Gegen eine Treuepflichtverletzung ist grundsätzlich durch Klageerhebung vorzugehen.[258] Abschließend ist noch zu erwähnen, dass die Treuepflicht auch parallel die **Interessen der Mehrheitsgesellschafter** schützt, indem sich aus ihr eine Zustimmungspflicht der Minderheit ergeben kann, etwa bei Maßnahmen, die im Interesse der Gesellschaft zwingend erforderlich sind.[259]

3.5.3.4 Der Gleichbehandlungsgrundsatz als Schranke für Mehrheitsbeschlüsse

Obwohl es im Recht der Personengesellschaften an einer dem § 53a AktG entsprechenden ausdrücklichen Regelung fehlt, ist die Geltung des so genannten Gleichbehandlungsgrundsatzes unumstritten.[260] Inhaltlich fordert er nicht etwa die unterschiedslose formale Gleichbehandlung aller Gesellschafter, sondern er enthält vielmehr ein **Willkürverbot**. Demnach ist es den Mehrheitsgesellschaftern verboten, die Minderheit ohne deren Zustimmung willkürlich ungleich zu behandeln.[261] Mehrheitsbeschlüsse, die zu einer willkürlichen Ungleichbehandlung der Gesellschafter führen, sind rechtswidrig und damit unwirksam.[262] Eine Ungleichbehandlung ist nur dann zulässig, wenn sie sachlich gerechtfertigt ist und im Interesse der Gesellschaft liegt. Eine sachlich gerechtfertigte Ungleichbehandlung kann sich beispielsweise daraus ergeben, dass die Gesellschafter unterschiedlich hohe Beiträge leisten oder die Gesellschaftsanteile unterschiedlich hoch sind.[263] Obwohl der Gleichbehandlungsgrundsatz in seiner Bedeutung und seinen Rechtsfolgen der gesellschaftsrechtlichen Treuepflicht sehr ähnlich ist, stellt er eine weitere separate Schranke der Mehrheitsbeschlüsse dar.[264]

3.5.3.5 Der Grundsatz der Verhältnismäßigkeit

Die Mehrheitsgesellschafter müssen letztendlich bei der Beschlussfassung den Grundsatz der Verhältnismäßigkeit wahren.[265] Danach hängt

---

[257] *Heinrichs*, Mehrheitsbeschlüsse bei Personengesellschaften, S. 225.
[258] *Schmidt/Bierly*, OHG, KG und PublikumsG, Rn. 515.
[259] Vgl. *Kapitel 3.3.3.2*.
[260] Staub/*Ulmer*, HGB § 105 Rn. 252.
[261] Baumbach/*Hopt*, BGB Rn. 35.
[262] *Heinrichs*, Mehrheitsbeschlüsse bei Personengesellschaften, S. 239 m.w.N.
[263] Beck Hdb. PersG/*Stengel* § 4 Rn. 456.
[264] *Ulmer*, BGB § 709 Rn. 100; *Schmidt/Bierly*, OHG, KG und PublikumsG, Rn. 529.
[265] Baumbach/*Hopt*, HGB § 119 Rn. 35.

die Wirksamkeit des Mehrheitsbeschlusses davon ab, ob ein **sachlich** gerechtfertigter Grund für den Eingriff in die Rechtsstellung der Minderheitsgesellschafter vorliegt. Dieser muss im Interesse der Gesellschaft liegen und den gesellschaftsvertraglichen Zweck verwirklichen oder ihn zumindest fördern. Weiterhin muss der mit dem Mehrheitsbeschluss einhergehende Eingriff in die Rechte der Minderheitsgesellschafter **erforderlich** sein, um das angestrebte Ziel zu erreichen. Diese Voraussetzung ist nicht erfüllt, wenn das Ziel auch durch ein weniger belastendes Mittel für den Minderheitsgesellschafter erreicht werden kann. Schlussendlich muss das angestrebte Ziel der Gesellschaft in einem **angemessenen Verhältnis** zu dem Eingriff in die Mitgliedschaftsrechte der Minderheit stehen. Die Anforderungen an den sachlich gerechtfertigten Grund des Beschlusses sind dabei umso strenger, je mehr die Rechte der Minderheit betroffen sind. Anders ausgedrückt: Je größer die Nachteile für die Minderheit sind, desto größer müssen auch die Vorteile für die Gesellschaft sein.[266]

3.5.4 Berechnung der Mehrheit

Solange die Gesellschafterbeschlüsse nur einstimmig durch die abstimmungsberechtigten Gesellschafter gefasst werden können, zählt jede Stimme und hat jede Stimme notwendigerweise dasselbe Gewicht.[267] Bei gesellschaftsvertraglich zulässigen Mehrheitsbeschlüssen muss dagegen bestimmt werden, wie die Mehrheit zu berechnen ist. Nach der gesetzlichen Auslegungsregel in § 709 Abs. 2 BGB und § 119 Abs. 2 HGB stimmen Personengesellschafter grundsätzlich nach Köpfen ab. Dieses **Kopfprinzip** folgt dem Grundsatz der gleichmäßigen Behandlung aller Gesellschafter. Folglich verfügt jeder Gesellschafter, unabhängig vom Ausmaß seiner Beteiligung, über eine Stimme.[268] In der Praxis werden als Maßstab für die Abstimmung häufig die **Kapitalanteile** der Gesellschafter herangezogen. In diesem Fall ist für die Berechnung der Mehrheit nicht die Zahl der Gesellschafter ausschlaggebend, sondern nur die Höhe der jeweiligen Kapitalanteile zum Zeitpunkt der Abstimmung. Bei unterschiedlich hohen Einlagen der Anteilseigner oder bei kapitalistischen Beteiligungen kann diese Methode durchaus empfehlenswert sein, da das gesetzliche Kopfprinzip der ungleichen Risikoverteilung nicht mehr gerecht wird.[269] Zur Klärung der Frage, wie sich das Stimmrecht nach Kapitalanteilen bemisst,

---

[266] *Ulmer*, BGB § 709 Rn. 101; Schlegelberger/*Martens*, HGB § 119 Rn. 30; Staub/*Ulmer*, HGB § 119 Rn. 54.
[267] *Nitschke*, die körperschaftlich strukturierte Personengesellschaft, S. 79.
[268] *Ulmer*, BGB § 709 Rn. 97.
[269] Vgl. MünchAnwHdb. PersG-Recht/*Plückelmann* § 4 Rn. 36.

bietet sich eine analoge Anwendung von § 47 Abs. 2 GmbHG an, wonach jede fünfzig Euro eine Stimme gewähren.[270]

Weil sich die genaue **Höhe** des einzelnen Kapitalanteils nur aus der Bilanz entnehmen lässt, ist es ratsam, eine feste Einlage zu vereinbaren, nach deren Höhe sich das jeweilige Stimmrecht der Gesellschafter bemisst. Als **Bemessungsgrundlage** kann sich etwa die Höhe des Kapitalanteils aus der jeweils zuletzt festgestellten Bilanz oder die Höhe des gewogenen Durchschnitts der Vorjahre eignen.[271] Ferner ist es denkbar, die Höhe der ursprünglich geleisteten Kapitaleinlage als Maßstab heranzuziehen.[272] Ohne eine derartige gesellschaftsvertragliche Regelung kann es bei der Abstimmung zu Unsicherheiten über die genaue Einlagenhöhe kommen, wodurch die Mehrheitsberechnung deutlich erschwert wird.[273]

Abgesehen von der Abstimmung nach Köpfen oder Kapitalanteilen ist auch eine **Kombination** aus beiden Maßstäben vorstellbar. Beispielsweise könnten die Gesellschafter eine Anordnung treffen, nach der ein Beschluss nur dann wirksam gefasst werden kann, wenn sowohl die einfache Mehrheit der anwesenden Gesellschafter, als auch die Mehrheit nach Kapitalanteilen der angetragenen Maßnahme zugestimmt haben.[274]

Im Zusammenhang mit dem Maßstab für die Abstimmung ist auch zu klären, auf **welche Stimmen** es bei der Berechnung der Mehrheit ankommen soll. Nach dem Gesetz[275] ist im Zweifel die absolute Mehrheit der **stimmberechtigten** Gesellschafter ausschlaggebend.[276] Unerheblich ist deshalb die Anzahl der tatsächlich erschienenen oder an der Abstimmung teilnehmenden Gesellschafter. Stimmrechtslose Gesellschafter und solche, die von einem Stimmverbot betroffen sind, werden bei der Auszählung nicht mitgezählt. Da es auf **alle** abstimmungsberechtigten Gesellschafter ankommt, werden diejenigen, die sich ihrer Stimme enthalten, dennoch mitgezählt und als Gegenstimme gewertet. Genauso wirken die Stimmen von nicht erschienenen, aber stimmberechtigten Gesellschaftern wie eine Ablehnung des Antrages.[277] Natürlich können die Personengesellschafter jederzeit von diesem Grundsatz abweichen und eine anders lautende Regelung in das Vertragswerk aufnehmen. In Betracht kommt

---

[270] Staub/*Ulmer*, HGB § 119 Rn. 51.
[271] Vgl. *Sudhoff*, Der Gesellschaftsvertrag bei Personengesellschaften, S. 229.
[272] Vgl. Sudhoff/*Schulte*, Personengesellschaften, 2. Teil, § 12 Rn. 45.
[273] MünchAnwHdb. PersG-Recht/*Plückelmann* § 4 Rn. 36.
[274] Vgl. *Sudhoff*, Der Gesellschaftsvertrag bei Personengesellschaften, S.230.
[275] § 709 Abs. 1 BGB; § 119 Abs. 1 HGB.
[276] Bamberger/*Roth*, BGB § 709 Rn. 21.
[277] *Ulmer*, BGB § 709 Rn. 96.

beispielsweise eine Vereinbarung, wonach es bei der Mehrheitsberechnung ausschließlich auf die Mehrheit der **abgegebenen** Stimmen ankommt. Ebenso ist an eine Berechnung der Mehrheit aufgrund der **anwesenden** Gesellschafter zu denken. Je nach Beschlussgegenstand kann der Gesellschaftsvertrag natürlich auch verschiedene Voraussetzungen an die Stimmenauszählung stellen. Den Gesellschaftern bieten sich hier zahlreiche Möglichkeiten und Varianten für eine gesellschaftsvertragliche Abweichung.[278]

Eine weitere Frage, die durch den Gesellschaftsvertrag geklärt werden sollte, ist die **erforderliche Höhe der Mehrheit**. Für einen Mehrheitsbeschluss bedarf es in der Regel mindestens 51 % der Stimmen. Der Gesellschaftsvertrag kann aber auch für einzelne oder alle Beschlussgegenstände eine **qualifizierte** Mehrheit vorsehen. Eine zwingende Vorschrift für qualifizierte Mehrheitsentscheidungen ist im Personengesellschaftsrecht nur bei Umwandlungsentscheidungen vorgeschrieben.[279] Teilweise wird weiterhin für Beschlüsse über die Änderung des Unternehmensgegenstandes eine qualifizierte Mehrheit in analoger Anwendung der §§ 53 Abs. 2 GmbHG, 179 Abs. 1 u. 2 AktG angenommen.[280] Ferner sehen die Gesellschaftsverträge in der Praxis häufig eine derartige Mehrheit bei Vertragsänderungen und sonstigen weitreichenden Beschlussgegenständen wie im Verbandsrecht vor.[281]

Um die Handlungsfähigkeit der Gesellschaft in jedem Fall zu gewährleisten, ist es wichtig, dass der Gesellschaftsvertrag genaue Angaben darüber enthält, welche Mehrheit zur Verabschiedung des jeweiligen Beschlussgegenstandes erforderlich ist. Wird die erforderliche Mehrheit nämlich nicht erreicht, gilt der Antrag als abgelehnt. Fraglich ist der Fall, wenn es bei einer Abstimmung zu einer **Stimmengleichheit** kommt. Für solche „**Pattsituationen**" empfiehlt sich eine zusätzliche gesellschaftsvertragliche Regelung, nach der in diesen Fällen eine erneute Abstimmung stattfinden soll. Bei dieser sollen dann auch 50 % der abgegebenen Stimmen für einen Mehrheitsbeschluss ausreichen. Denkbar ist auch eine Vereinbarung, nach der die Stimme des Senior-Gesellschafters oder die des geschäftsführenden Gesellschafters oder im Zweifel das Los über die Mehr-

---

[278] Vgl. *Nitschke*, Die körperschaftlich strukturierte Personengesellschaft, S. 80f; *Sudhoff*, Der Gesellschaftsvertrag bei Personengesellschaften, S. 232.
[279] §§ 43 Abs. 2 S. 2, 217 Abs. 1 S. 3 UmwG.
[280] *Heinrichs*, Mehrheitsbeschlüsse bei Personengesellschaften, S. 61 m.w.N.
[281] §§ 33 BGB, 53 Abs. 2 GmbHG, 179 Abs. 2 AktG, 16 Abs. 2 GenG.

heit entscheiden soll. Ohne eine vergleichbare Zusatzanordnung gilt bei Stimmengleichheit der Antrag als abgelehnt.[282]

In gewissen Grenzen kann der Gesellschaftsvertrag auch dahingehend modifiziert werden, dass einem einzelnen Gesellschafter, zum Beispiel dem Seniorgesellschafter, ein **erhöhtes** oder **mehrfaches** Stimmrecht eingeräumt wird.[283] Ein so genanntes Mehrfachstimmrecht ist unzulässig, wenn der mit einem Mehrfachstimmrecht ausgestattete Gesellschafter allein in der Lage wäre, durch Mehrheitsbeschluss an sich zulässige Änderungen des Gesellschaftsvertrages herbeizuführen. Das Gleiche gilt, wenn das Mehrfachstimmrecht eine gegen die guten Sitten verstoßende Abhängigkeit der Mitgesellschafter von dem mit Mehrfachstimmrecht ausgestatteten Gesellschafter herbeiführen würde.[284] Ebenfalls ist es möglich, einem bestimmten Gesellschafter ein **Vetorecht** im Gesellschaftsvertrag einzuräumen.[285] Mit diesem Recht kann der Gesellschafter einen Beschluss verhindern, unabhängig davon, ob die erforderliche Mehrheit zustande gekommen ist. Bei der Ausübung des Vetorechts ist der berechtigte Gesellschafter allerdings an seine gesellschaftsrechtliche Treuepflicht gebunden.[286] Schließlich kann der Gesellschaftsvertrag noch festlegen, dass sich eine **Mindestanzahl** von Gesellschaftern an der Abstimmung beteiligen muss, damit die Gesellschafterversammlung überhaupt beschlussfähig ist.[287] Die Möglichkeiten, wie die Mehrheit im Einzelfall zu berechnen ist, und was bei den jeweiligen Beschlussgegenständen zu beachten ist, sind nahezu unbegrenzt.

---

[282] MünchKommHGB/*Enzinger*, § 119 Rn. 5; *Sudhoff*, Der Gesellschaftsvertrag der Personengesellschaften, S. 228f.
[283] *Ulmer*, BGB § 709 Rn. 97; Schlegelberger/*Martens*, HGB Rn. 16.
[284] MünchAnwHdb. PersG-Recht/*Plückelmann* § 4 Rn. 38 m.w.N.
[285] Staub/*Ulmer*, HGB § 119 Rn. 51.
[286] MünchAnwHdb. PersG-Recht/*Plückelmann* § 4 Rn. 41.
[287] Ebenroth/Boujong/Joost/*Goette*, HGB § 119 Rn. 67; vgl. *Kapitel 2.2.4*.

4. Fazit

Wie bereits im einleitenden Kapitel erläutert, besteht das Ziel der vorliegenden Untersuchung darin, Gesetzeslücken sowie daraus resultierende Probleme im Bereich der Beschlussfassung bei Personengesellschaften aufzuzeigen, um hieran anknüpfend die Notwendigkeit ergänzender gesellschaftsvertraglicher Regelungen zu verdeutlichen. In Hinblick auf diese Zielsetzung wurde im ersten Schritt auf die formalen Voraussetzungen zur Abhaltung einer Gesellschafterversammlung im klassischen Sinne eingegangen. Im Anschluss erfolgte die Darstellung der maßgeblichen Abläufe bei der internen Willensbildung der Gesellschaft. Hierbei lag der Fokus auf dem Stimmrecht des Gesellschafters und der Abweichung vom gesetzlichen Einstimmigkeitsprinzip. Es konnte verdeutlicht werden, dass gesellschaftsvertragliche Regelungen zur Form der Willensbildung umso dringlicher werden, je weiter sich die Gesellschaft vom gesetzlichen Leitbild der Arbeits- und Haftungsgemeinschaft entfernt. Ist der Gesellschafterkreis größer und treffen die Gesellschafter nicht täglich zusammen, empfiehlt es sich, für die Fassung von Gesellschafterbeschlüssen eine Gesellschafterversammlung einzurichten. Dies bietet den Gesellschaftern die Gelegenheit, sich zur Entscheidungsfindung an einem festgelegten Ort zusammenzutreffen und in der Art und Weise auf den Willensbildungsprozess in der Gesellschaft Einfluss zu nehmen, wie sie unter ständig zusammenarbeitenden Gesellschaftern selbstverständlich ist. Im Falle von Mehrheitsbeschlüssen hat der nicht zustimmende Personenkreis die Gelegenheit, seine abweichenden Ansichten zu Gehör zu bringen und kann sich so weiterhin aktiv am Meinungsbildungsprozess in der Gesellschaft beteiligen. Das Thema Stimmrecht bildete einen weiteren Schwerpunkt der Untersuchung. In diesem Zusammenhang wurden die Problematik der Bindungsdauer an die Stimmabgabe sowie das Manko fehlender gesetzlicher Regelungen für einen Stimmrechtsausschluss bei Interessenkollision besonders hervorgehoben. Ferner konnte gezeigt werden, welche Probleme sich bei der Beschlussfassung nach dem gesetzlichen Einstimmigkeitsprinzip ergeben und welche Vorteile die Einführung von Mehrheitsbeschlüssen mit sich bringt. Vor diesem Hintergrund wurde die Notwendigkeit des Minderheitenschutzes bei Personengesellschaften diskutiert und die Anforderungen an eine gesellschaftsvertragliche Mehrheitsklausel formuliert.

Literaturverzeichnis

Alpmann, Josef A., Gesellschaftsrecht, 13. Aufl., Münster 2007

Bamberger, Heinz Georg/Roth, Herbert, Kommentar zum Bürgerlichen Gesetzbuch, hrsg. v. *Bamberger, Heinz Georg/Roth, Herbert*, Bd. 2 §§ 611-1296, ErbbauVO, WEG, München 2003.

Baumbach, Adolf, Kommentar zum Handelsgesetzbuch mit GmbH & Co., Handelsklauseln, Bank- und Börsenrecht, Transportrecht (ohne Seerecht), bearb. v. *Hopt, Klaus J./Merkt, Hanno*, 32. Aufl., München 2006.

Beck'sches Handbuch der GmbH. Gesellschaftsrecht – Steuerrecht, hrsg. v. *Müller, Welf/Hense, Burkhard*, 2. Aufl., München 1999.

Beck'sches Handbuch der Personengesellschaften. Gesellschaftsrecht - Steuerrecht, hrsg. v. *Müller, Welf/Hoffmann, Wolf-Dieter*, 2. Aufl., München 2002.

Ebenroth, Carsten Thomas/Boujong, Karlheinz/Joost, Detlev, Handelsgesetzbuch, hrsg. v. *Joost, Detlev/Strohn, Lutz*, Bd. 1 - München 2008, Bd. 2 - München 2001, Akt. Bd. - München 2003.

Eisenhardt, Ulrich, Gesellschaftsrecht, 13. Aufl., München 2007.

Erman, Walter, Handkommentar zum Bürgerlichen Gesetzbuch, hrsg. v. *Westermann, Harm Peter*, 11. Aufl., Bd. I §§ 1-811, Münster, Köln 2004.

Grunewald, Barbara, Gesellschaftsrecht, 6. Aufl., Tübingen 2005.

Gummert, Hans, Münchener Anwaltshandbuch. Personengesellschaftsrecht, München 2005

Heinrichs, Nils, Mehrheitsbeschlüsse bei Personengesellschaften. Bestimmtheitsgrundsatz, Kernbereichslehre und materielle Beschlusskontrolle unter besonderer Berücksichtigung des Verhältnisses der Institute zueinander, Berlin 2006.

Heymann, Ernst, Kommentar zum Handelsgesetzbuch (ohne Seerecht), hrsg. v. *Horn, Norbert*, 2. Aufl., Bd. 2 Zweites Buch §§ 105-237, Berlin 1996.

Hueck, Götz/Windbichler, Christine, Gesellschaftsrecht, 21. Aufl., München 2008.

Hüffer, Uwe, Gesellschaftsrecht, 7. Aufl., München 2007.

Klunzinger, Eugen, Grundzüge des Gesellschaftsrechts, 14. Aufl., München 2006

Lockowandt, Peter, Stimmrechtsbeschränkungen im Recht der Personengesellschaften, Kernbereichslehre und Stimmrechtsausschluss, Berlin 1996.

Münchener Kommentar zum Handelsgesetzbuch, hrsg. v. *Schmidt, Carsten*, Bd. 2 Zweites Buch. Handelsgesellschaften und stille Gesellschaft. Erster Abschnitt. Offene Handelsgesellschaft §§ 105-160, München 2004.

Nitschke, Manfred, Die körperschaftlich strukturierte Personengesellschaft, Bielefeld 1970.

Palandt, Otto, Kommentar zum Bürgerlichen Gesetzbuch, bearb. v. *Bassenge, Peter/Brudermüller, Gerd/Diederichsen, Uwe* u.a., 65. Aufl., München 2006.

Schlegelberger, Franz, Kommentar zum Handelsgesetzbuch, begr. v. *Schlegelberger, Franz/Geßler, Ernst*, 5. Aufl., Bd. III, 1. Halbband §§ 105-160, München 1992.

Schmidt, Christian R./Zagel, Stefan, OHG, KG und PublikumsG. Umfassende Erläuterungen, Beispiele und Musterformulare für die Rechtspraxis, Berlin 2004.

Sester, Peter, Treupflichtverletzung bei Widerspruch und Zustimmungsverweigerung im Recht der Personenhandelsgesellschaften, 1. Aufl., Baden-Baden 1996.

Staub, Hermann, Großkommentar zum Handelsgesetzbuch, begr. v. *Staub, Hermann*, hrsg. v. *Canaris, Claus-Wilhelm/Schilling, Wolfgang/Ulmer, Peter*, 4. Aufl., Zweiter Band §§ 105-237, Berlin 1999.

Sudhoff, Heinrich, Der Gesellschaftsvertrag der Personengesellschaften. Systematischer Kommentar mit Formular- und Texthandbuch, 6. Aufl., München 1985.

Sudhoff, Heinrich, Personengesellschaften, 8. Aufl., München 2005.

Ulmer, Peter, Gesellschaft bürgerlichen Rechts und Partnerschaftsgesellschaft. Systematischer Kommentar, 4. Aufl., München 2004.

Vogel, Wolfgang, Gesellschafterbeschlüsse und Gesellschafterversammlung, 2. Aufl., Köln 1986.

Westermann, Harm Peter, Handbuch der Personengesellschaften. Gesellschaftsrecht, Steuerrecht, Arbeitsrecht, Sozialversicherungsrecht, Köln

Wiedemann, Herbert, Gesellschaftsrecht, Bd. II – Recht der Personengesellschaften, München 2004.

Wiedemann, Herbert/Frey, Kaspar, Gesellschaftsrecht, 7. Aufl., München 2007.